BESTACTIVITYBOOKS.COM

Copyright © 2022 LINGUAS CLASSICS

PRIMEIRA EDIÇÃO - 2022

Ilustración gráfica adicional: www.freepik.com
Graças a Alekksall, Starline, Pch.vector, Rawpixel.com,
Vectorpocket, Dgim-studio, Upklyak, Macrovector,
Stockgiu, Pikisuperstar & Freepik.com Designers

Descobrir Jogos Online Grátis

Disponível Aqui:

BestActivityBooks.com/FREEGAMES

5 DICAS PARA COMEÇAR

1) CÓMO RESOLVER LAS SOPA DE LETRAS

Os puzzles têm um formato clássico:

- As palavras estão escondidas sem espaços ou hífenes,...
- Orientação: As palavras podem ser escritas para a frente, para trás, para cima, para baixo ou na diagonal (podem ser invertidas).
- As palavras podem sobrepor-se ou intersectar-se.

2) APRENDIZAGEM ACTIVA

Ao lado de cada palavra há um espaço para anotar a tradução. Para encorajar a aprendizagem activa, um **DICIONÁRIO** no final desta edição permitir-lhe-á verificar e expandir os seus conhecimentos. Procure e anote as traduções, encontre-as no puzzle e adicione-as ao seu vocabulário!

3) MARCAR AS PALAVRAS

Pode inventar o seu próprio sistema de marcação - talvez já use um? Pode também, por exemplo, marcar palavras difíceis de encontrar com uma cruz, palavras favoritas com uma estrela, palavras novas com um triângulo, palavras raras com um diamante, e assim por diante.

4) ESTRUTURANDO A APRENDIZAGEM

Esta edição oferece um **CADERNO DE NOTAS** prático no final do livro. Nas férias, em viagem ou em casa, pode facilmente organizar os seus novos conhecimentos sem a necessidade de um segundo caderno!

5) JÁ TERMINOU TODAS AS GRELHAS?

Nas últimas páginas deste livro, na secção **DESAFIO FINAL**, encontrará um jogo gratuito!

Rápido e fácil! Consulte a nossa colecção de livros de actividades para o seu próximo momento de diversão e **aprendizagem**, a apenas um clique de distância!

Encontre o seu próximo desafio em:

BestActivityBooks.com/MeuProximoLivro

Aos vossos lugares, preparem-se...Vão!

Sabia que existem cerca de 7.000 línguas diferentes no mundo? As palavras são preciosas.

Adoramos línguas e temos trabalhado arduamente para criar livros da mais alta qualidade para si. Os nossos ingredientes?

Uma selecção de tópicos adequados à aprendizagem, três boas porções de entretenimento, e depois acrescentamos uma colherada de palavras difíceis e uma pitada de palavras raras. Servimo-los com amor e máximo divertimento, para que possa resolver os melhores jogos de palavras e se divirta a aprender!

A sua opinião é essencial. Pode participar activamente no sucesso deste livro, deixando-nos um comentário. Gostaríamos de saber o que mais lhe agradou nesta edição.

Aqui está um link rápido para a sua página de encomendas:

BestBooksActivity.com/Avaliacoes50

Obrigado pela vossa ajuda e divirtam-se!

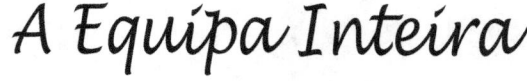

1 - Dirigindo

```
U I B K K X C G D U G T B T X
D N K Đ H E C A N R I H N A E
P R U Ư Đ H K P U Y Ấ Ậ H I M
K H Í Ờ I Ơ Y I Ễ Q Y N I N Á
C B K N B I C I A P T M Ạ Y
V U H G Ộ V M G L N H R N N Y
N G U Y H I Ể M N B É Ọ À Ể U
Đ N Ồ Đ N Ả B L Ê Ộ P N O Y Q
T Ư I D A V H K I K Đ G T U Q
Q A Ờ U H T Á S H N Ả C N H I
M D A N P O R H N G A R A C B
H N Q G G N Ô H T O A I G N L
R U U N V P A M D R Y C K Ậ L
B B Q Q M Ầ H G N Ờ Ư Đ A V R
D Q U G U M A Ố C K I V D N N
```

TAI NẠN	XE MÁY
XE HƠI	ĐỘNG CƠ
NHIÊN LIỆU	ĐI BỘ
THẬN TRỌNG	NGUY HIỂM
ĐƯỜNG	CẢNH SÁT
PHANH	ĐƯỜNG PHỐ
GA-RA	AN TOÀN
KHÍ	VẬN CHUYỂN
GIẤY PHÉP	GIAO THÔNG
BẢN ĐỒ	ĐƯỜNG HẦM

2 - Antiguidades

```
T  L  I  D  O  G  T  D  Y  Đ  A  T  M  U  R
H  H  I  C  P  P  Ấ  U  A  V  Ầ  P  Ụ  R  G
R  O  Ậ  Q  I  Ồ  H  C  Ụ  H  P  U  C  C  C
V  H  I  T  M  C  T  O  A  P  T  Q  T  P  H
I  M  N  V  D  N  I  U  N  R  U  I  Q  Ư  Ấ
I  G  P  R  Q  K  Ộ  Q  H  G  H  C  G  R  T
G  I  Á  T  R  Ị  N  D  D  Đ  C  V  C  Ũ  L
Đ  Ồ  N  G  X  U  Ồ  D  K  I  Ị  Á  I  A  Ư
T  H  Ế  K  Ỷ  B  Đ  K  P  Ê  L  I  C  K  Ợ
B  Ộ  S  Ư  U  T  Ậ  P  I  U  H  G  I  H  N
N  G  H  Ệ  T  H  U  Ậ  T  K  N  U  N  L  G
T  R  A  N  G  T  R  Í  H  H  A  Ấ  G  I  Á
T  T  N  L  H  U  K  M  N  Ắ  H  Đ  D  U  Q
M  H  M  P  O  B  L  H  U  C  T  R  Q  Q  B
O  U  U  E  N  T  H  U  S  I  A  S  T  P  Q
```

NGHỆ THUẬT   MỤC
THẬT   ĐẤU GIÁ
THU   ĐỒ NỘI THẤT
TRANG TRÍ   ĐỒNG XU
THANH LỊCH   GIÁ
ENTHUSIAST   CHẤT LƯỢNG
ĐIÊU KHẮC   PHỤC HỒI
PHONG CÁCH   THẾ KỶ
BỘ SƯU TẬP   GIÁ TRỊ
ĐẦU TƯ   CŨ

3 - Churrascos

```
G  C  Â  K  O  H  M  L  N  B  R  M  D  T  L
À  P  G  M  A  O  H  H  Ư  Ữ  Q  Y  U  A  R
A  T  L  G  N  Ớ  Ư  N  Ớ  A  C  P  Ê  Ố  R
K  U  O  L  M  H  Y  G  C  T  M  C  I  G  I
A  B  T  Q  V  Q  Ạ  A  X  Ố  M  G  T  I  Ờ
T  R  Ò  C  H  Ơ  I  C  Ố  I  O  V  O  A  M
D  I  U  U  Q  I  V  I  T  N  Ó  N  G  Đ  I
A  P  H  V  B  Ữ  A  T  R  Ư  A  L  U  Ì  Ờ
D  U  D  I  G  I  Đ  Ó  I  U  Y  H  M  N  L
T  R  Á  I  C  Â  Y  S  P  H  T  M  Y  H  H
D  I  N  C  M  B  T  D  K  O  R  R  I  L  Y
K  Y  B  U  M  H  G  A  A  G  Ẻ  V  A  P  N
K  P  R  N  B  Y  O  L  L  O  E  R  H  R  A
M  M  P  V  O  L  H  A  D  D  M  L  I  T  L
M  Ù  A  H  È  M  B  S  C  À  C  H  U  A  C
```

BỮA TRƯA	TRÒ CHƠI
LỜI MỜI	RAU
TRẺ EM	NƯỚC XỐT
DAO	ÂM NHẠC
GIA ĐÌNH	TIÊU
ĐÓI	NÓNG
GÀ	MUỐI
TRÁI CÂY	SALADS
NƯỚNG	CÀ CHUA
BỮA TỐI	MÙA HÈ

4 - Pesca

```
R U A O Đ N Ư Ớ C Ó M G R N L
R Q T U K Ạ C T D A Ù M Ồ I H
Y K R K C D I Ạ Đ G N Ó H P Q
P H T Q V K S D H Q P P O M N
R L B R V R Ô V Ư G Y D R T U
H R I D V Y N O A Ơ P Â N N G
G O P Y T B G V G A N Y K V V
C A Q Y P T B Y V Q R G I U C
T B Ã I B I Ể N V G C Y Ê Q Á
K C G I I N K U B T M G N D I
Y D I D T Y V Q N B T À N G R
U C A U M A N G N Ề Y U H T Ổ
B M P R L G C C R P R Ấ Ẫ A R
C Â N N Ặ N G H C R V N N B A
T H I Ế T B Ị O Ồ V Â Y L T R
```

NƯỚC	MỒI
VÂY	HỒ
THUYỀN	HÀM
MANG	ĐẠI DƯƠNG
CÁI RỔ	KIÊN NHẪN
NẤU	CÂN NẶNG
THIẾT BỊ	BÃI BIỂN
PHÓNG ĐẠI	SÔNG
DÂY	MÙA
MÓC	

5 - Geologia

```
N  B  K  M  Ể  K  H  O  Á  N  G  S  Ả  N  H
T  H  Ạ  C  H  A  N  H  K  T  N  O  L  N  A
G  I  U  A  T  Ử  B  L  A  O  Ù  S  L  N  N
O  Q  X  U  H  L  D  C  B  Y  V  A  L  Y  G
U  Q  I  A  N  I  I  I  M  M  T  N  U  A  Đ
C  P  M  Q  I  Ú  U  C  G  U  C  H  D  I  Ộ
I  A  L  I  T  N  D  B  Q  I  Ố  Ô  M  O  N
U  R  O  X  Ó  I  M  Ò  N  C  U  I  Đ  Á  G
I  R  A  N  R  A  G  U  L  L  N  H  Ũ  Đ  Á
D  D  O  B  G  T  P  Q  D  A  L  L  A  B  C
Q  A  G  C  N  U  A  Ị  Đ  C  Ụ  L  N  P  H
M  Ă  N  G  Đ  Á  Y  T  R  P  B  Ớ  H  M  I
Đ  Ộ  N  G  Đ  Ấ  T  Ê  K  V  B  P  H  B  V
D  U  N  G  N  H  A  M  N  H  L  R  Q  M  Y
H  Ó  A  T  H  Ạ  C  H  B  N  L  R  D  L  C
```

AXIT	HÓA THẠCH
LỚP	DUNG NHAM
HANG ĐỘNG	KHOÁNG SẢN
CALCIUM	ĐÁ
LỤC ĐỊA	CAO NGUYÊN
SAN HÔ	THẠCH ANH
TINH THỂ	MUỐI
XÓI MÒN	ĐỘNG ĐẤT
NHŨ ĐÁ	NÚI LỬA
MĂNG ĐÁ	VÙNG

6 - Ética

```
L D G N U D N A O H K U A D K
T Ò G I H H R R V L N I V D I
R N N R P Â Ợ N I U T U M U Ê
U H Ọ G M K N P Q L D P K G N
N Â R Y V H A L L M L M I T N
G N T C D Ị I Y O Ý M T T O H
T P N Á H N T H N Ạ V K B À Ã
H H Ô T Q C Ọ H T Ế I R T N N
Ự Ẩ T P B B P D A G N C Ố V G
C M A Ợ L Ạ C Q U A N A T Ẹ I
S Ự K H Ô N N G O A N V G N Á
K O R G O A I G I Ạ O G N I T
A I D C Á N H Â N U B B Ò T R
T H Ư Ơ N G H Ạ I G G N L I Ị
M C Q I N R A C N C Q U R T T
```

LÒNG VỊ THA	CÁ NHÂN
LÒNG TỐT	TOÀN VẸN
THƯƠNG HẠI	LẠC QUAN
HỢP TÁC	KIÊN NHẪN
NHÂN PHẨM	HỢP LÝ
NGOẠI GIAO	TÔN TRỌNG
TRIẾT HỌC	SỰ KHÔN NGOAN
TRUNG THỰC	KHOAN DUNG
NHÂN LOẠI	GIÁ TRỊ

7 - Tempo

```
T D M H R B O C L N A A D B I
T R Ư Ớ C T N Đ R H C U U U A
H V M M G H G D Ồ T U Ầ N Ổ L
C Ô V Ă Ă Á À M A N O T Ờ I G
Ị D M N M N Y Đ Ê M G Ú U T N
L K U N B G G R V Q N H D R Ơ
A K V C A H M N U A Á P Ồ Ư Ư
O I H D M Y R B À N S N C A T
B Â Y G I Ờ K R N H I Q G U Á
C Q D B T L O R N I Ổ C K Q L
H Y M M Y N D C R O U Q Q M C
N A M K T O V U P C B M M Ô Ố
G V I N H H P M H Y L C P H H
Q V N R B A N Q A U M C U C C
T H Ậ P K Ỷ K Ế H T O A D V D
```

BÂY GIỜ	BUỔI SÁNG
NĂM	BUỔI TRƯA
TRƯỚC	THÁNG
HÀNG NĂM	PHÚT
LỊCH	CHỐC LÁT
THẬP KỶ	ĐÊM
NGÀY	HÔM QUA
TƯƠNG LAI	ĐỒNG HỒ
HÔM NAY	TUẦN
GIỜ	THẾ KỶ

8 - Astronomia

```
K  I  Q  N  V  B  C  R  Y  N  B  V  D  P  O
C  N  N  Q  Ũ  I  H  C  Ự  H  T  T  Ậ  H  N
M  T  K  N  T  N  Ò  A  T  N  G  B  C  Â  Ê
T  P  H  M  R  K  M  G  I  I  K  K  O  N  I
Ê  S  H  I  Ụ  T  S  G  N  T  P  H  C  O  H
N  Đ  A  I  Ê  H  A  V  H  H  A  B  N  G  T
L  À  T  O  H  N  O  D  V  N  B  Ứ  C  X  Ạ
Ử  I  R  B  B  À  H  I  Â  À  C  T  I  B  N
A  Q  Ọ  G  U  Ă  N  À  N  H  N  I  T  Ẽ  V
B  U  N  P  L  G  N  H  B  Ầ  U  T  R  Ờ  I
G  A  G  Y  M  Y  B  G  G  B  N  U  V  A  R
T  N  L  P  Y  R  T  Ấ  Đ  I  Á  R  T  D  B
K  S  Ự  Q  U  I  Ổ  H  C  O  A  S  K  Q  A
O  Á  C  S  I  Ê  U  T  Â  N  T  I  N  H  R
D  T  D  M  Ặ  T  T  R  Ă  N  G  C  A  V  U
```

PHI HÀNH GIA	TRỌNG LỰC
THIÊN	MẶT TRĂNG
BẦU TRỜI	SAO BĂNG
SAO CHỔI	TINH VÂN
CHÒM SAO	ĐÀI QUAN SÁT
VŨ TRỤ	HÀNH TINH
NHẬT THỰC	BỨC XẠ
PHÂN	VỆ TINH
TÊN LỬA	SIÊU TÂN TINH
THIÊN HÀ	TRÁI ĐẤT

9 - Acampamento

```
H  N  N  D  K  K  M  D  A  N  A  D  M  V  Đ
Q  T  B  I  B  I  V  B  N  V  R  K  H  Y  Ộ
C  R  P  Ú  O  S  G  R  B  D  M  G  M  Ồ  N
G  A  K  N  G  Ă  Q  U  L  N  A  C  L  B  G
O  Ử  B  Ê  R  N  C  Â  Y  I  P  V  Y  Ả  V
L  L  P  I  G  B  Ồ  T  D  K  A  U  T  N  Ậ
Ề  D  G  H  N  Ắ  V  L  G  N  Õ  V  H  Đ  T
U  O  I  N  Ừ  N  B  G  N  Ừ  R  V  I  Ồ  D
T  H  Q  N  H  À  M  N  Ă  È  L  Y  Ế  N  D
P  Y  K  Ê  T  B  R  Ù  R  M  Đ  D  T  I  M
U  Q  Q  I  Y  A  I  R  T  C  K  U  B  H  Ũ
P  R  D  H  Â  L  I  T  T  G  M  K  Ị  N  K
G  K  U  T  D  H  I  N  Ặ  X  U  Ồ  N  G  O
G  B  D  T  C  A  H  Ô  M  I  G  Q  A  H  T
K  G  C  C  U  H  O  C  Y  P  I  Y  R  R  D
```

ĐỘNG VẬT	LỬA
CÂY	CÔN TRÙNG
LA BÀN	HỒ
CABIN	ĐÈN LỒNG
SĂN BẮN	MẶT TRĂNG
XUỒNG	VÕNG
MŨ	BẢN ĐỒ
DÂY THỪNG	NÚI
THIẾT BỊ	THIÊN NHIÊN
RỪNG	LỀU

10 - Emoções

```
Y  C  H  Á  N  N  Ả  N  R  A  A  H  L  I  A
X  Ê  G  N  Ô  H  T  M  Ắ  C  K  L  Y  M  P
Ấ  H  N  G  H  C  Í  H  T  H  C  Í  K  Ị  B
U  À  U  B  O  Ò  K  T  O  H  T  G  S  C  Y
H  I  D  U  Ì  T  A  M  G  I  V  R  S  Y  G
Ổ  L  I  A  M  N  L  B  D  P  A  N  I  C  V
D  Ò  Ộ  R  I  U  H  Y  Ì  V  A  Ỗ  L  Â  L
Ộ  N  N  Ẫ  H  P  Ự  S  R  N  T  I  B  L  N
L  G  N  À  D  U  Ị  D  H  I  H  S  N  Ò  K
I  G  K  U  P  B  I  A  G  P  Y  Ợ  I  N  G
A  U  L  T  Y  Ê  U  M  G  G  U  M  Ề  G  V
N  Ỗ  I  B  U  Ồ  N  D  B  Q  Q  C  M  T  L
P  C  Q  P  T  H  Ư  G  I  Ã  N  D  V  Ố  M
Y  I  C  C  Q  U  T  Q  T  V  L  L  U  T  D
G  H  C  L  Ặ  N  G  D  R  A  Y  T  I  A  I
```

NIỀM VUI	HÒA BÌNH
YÊU	SỰ PHẪN NỘ
BỊ KÍCH THÍCH	THƯ GIÃN
BLISS	HÀI LÒNG
LÒNG TỐT	CẢM THÔNG
LẶNG	DỊU DÀNG
NỘI DUNG	CHÁN NẢN
XẤU HỔ	YÊN BÌNH
TRI ÂN	NỖI BUỒN
NỖI SỢ	

11 - Ficção Científica

```
P  R  Ế  T  C  Ự  H  T  T  H  U  T  T  M  K
I  B  L  R  H  C  Á  S  C  V  T  U  Ư  N  P
A  G  Í  H  Y  I  D  G  R  A  V  Y  Ở  C  U
L  M  L  Ẩ  T  Y  Ê  Q  D  I  G  Ễ  N  Ự  T
G  I  N  C  N  U  M  N  G  Q  H  T  G  C  O
N  Ổ  V  Ô  O  Y  O  H  H  V  D  V  T  P  P
Ơ  Q  O  N  N  H  Á  I  N  À  Y  Ờ  Ư  D  I
Ư  H  Ả  G  L  O  R  R  K  I  S  I  Ợ  T  A
T  A  O  N  I  Ớ  I  G  Ế  H  T  R  N  G  H
I  Y  G  G  Ô  V  M  D  G  T  O  H  G  A  I
U  A  I  H  X  L  G  Q  C  B  P  M  N  C  G
D  M  Á  Ẽ  A  V  M  L  Ử  A  I  Y  M  À  L
H  A  C  Q  X  H  B  E  L  C  A  R  O  Y  H
H  Y  U  B  I  N  G  U  Y  Ê  N  T  Ử  U  M
M  B  T  L  G  N  H  A  I  O  D  A  K  N  K
```

NGUYÊN TỬ   ẢO GIÁC
NHÁI   TƯỞNG TƯỢNG
XA XÔI   SÁCH
DYSTOPIA   BÍ ẨN
NỔ   THẾ GIỚI
CỰC   ORACLE
TUYỆT VỜI   HÀNH TINH
LỬA   THỰC TẾ
TƯƠNG LAI   CÔNG NGHỆ
THIÊN HÀ   UTOPIA

12 - Mitologia

```
I  U  H  R  I  T  H  Ả  M  H  Ọ  A  R  V  N
D  L  À  H  Ử  Ế  É  V  A  D  G  O  L  Ă  G
R  H  N  H  T  H  O  S  Y  A  Y  H  T  N  U
M  B  H  T  T  C  T  Y  S  A  H  M  O  H  Y
H  M  V  V  Ấ  Ó  A  U  C  I  P  M  P  O  Ê
M  U  I  N  B  C  O  Ạ  T  G  N  Á  S  Á  N
Ê  I  Y  Y  Ự  A  R  K  Q  U  H  H  G  D  M
C  S  M  Ề  S  Ứ  C  M  Ạ  N  H  M  V  Q  Ẫ
U  Ấ  A  R  N  I  H  B  G  G  H  E  N  Ậ  U
N  M  L  D  G  D  V  I  L  Ù  H  T  Ả  R  T
G  Y  K  P  H  N  I  B  N  Ế  I  H  C  A  B
Q  U  Á  I  V  Ậ  T  Ẽ  A  N  H  H  Ù  N  G
T  B  H  V  K  T  C  Q  U  N  T  U  P  U  G
H  T  R  U  Y  Ề  N  T  H  U  Y  Ế  T  D  R
D  R  O  N  Ữ  A  N  H  H  Ù  N  G  C  T  T
```

NGUYÊN MẪU	ANH HÙNG
GHEN	SỰ BẤT TỬ
HÀNH VI	MÊ CUNG
SÁNG TẠO	TRUYỀN THUYẾT
SINH VẬT	HUYỀN DIỆU
VĂN HOÁ	QUÁI VẬT
THẢM HỌA	CÓ CHẾT
SỨC MẠNH	SÉT
CHIẾN BINH	SẤM
NỮ ANH HÙNG	TRẢ THÙ

13 - Medições

```
L A N K A I T D T É M Đ C C T
C C E N T I M E T Ấ Q Ộ H Â R
Â H T N O B Y T E G N S I N Ì
M C I Q P U L Í T G R Â Ề N N
L N G Ề C D N A I N Y U U Ặ H
Ư I R Q U C H C T Ợ O K D N Đ
Ợ G G Y A C V A E Ư H L À G Ộ
N P H Ú T M A G Ô L I K I U M
G Y P H O Y V O K I L Ô M É T
T H Ậ P P H Â N T Ố U C G H R
R G G N Ộ R U Ề I H C U T N C
A P I B M V K B N K R V T A B
B Q A Q R P I R T K A P K A P
B C K L B P G R A M L P G K I
U G I D Y N R C B R R V D C A
```

CHIỀU CAO   MÉT
BYTE   PHÚT
CENTIMET   OUNCE
CHIỀU DÀI   CÂN NẶNG
THẬP PHÂN   INCH
GRAM   ĐỘ SÂU
TRÌNH ĐỘ   KILÔGAM
CHIỀU RỘNG   KILÔMÉT
LÍT   TẤN
KHỐI LƯỢNG   ÂM LƯỢNG

14 - Álgebra

```
B  V  T  V  D  D  U  V  N  V  A  Ũ  M  I  S
I  A  B  L  L  Y  A  A  P  G  M  I  A  T  Ố
Ế  Ó  Q  P  D  V  Ô  H  Ạ  N  O  Y  T  U  L
N  H  N  Ì  R  T  G  N  Ơ  Ư  H  P  R  Y  Ư
L  N  G  G  K  D  A  R  O  C  S  Á  Ậ  Ế  Ợ
T  Ả  O  T  Ổ  N  G  Ố  S  C  Ố  H  N  N  N
D  I  Ặ  P  H  É  P  T  R  Ừ  K  P  H  T  G
O  G  C  P  A  O  L  O  Q  Y  H  I  U  Í  A
Q  N  Ứ  R  H  A  Q  U  Q  G  Ô  Ả  L  N  V
C  Ơ  H  A  L  Â  P  Y  M  L  N  I  P  H  Q
H  Đ  T  V  V  M  N  K  L  O  G  G  A  A  I
G  D  G  S  Y  Ấ  Y  S  P  K  T  L  P  L  D
C  I  N  A  A  L  N  K  Ố  H  Y  M  G  P  D
Q  N  Ô  H  Y  I  Ồ  Đ  Ơ  S  Q  I  I  D  D
N  B  C  K  H  P  Β  R  Ề  Q  N  D  C  K  Q
```

SƠ ĐỒ	SỐ
PHƯƠNG TRÌNH	NGOẶC
MŨ	VẤN ĐỀ
SAI	SỐ LƯỢNG
TỐ	ĐƠN GIẢN HÓA
CÔNG THỨC	GIẢI PHÁP
PHÂN SỐ	TỔNG
VÔ HẠN	PHÉP TRỪ
TUYẾN TÍNH	BIẾN
MA TRẬN	SỐ KHÔNG

15 - Plantas

```
H U C Ọ H T Ậ V C Ự H T H L F
H O A M Ặ T T R Ờ I G V R Á L
R R L I V H Y K C A R K P E O
C N P D L A O C M U C I B D R
Q U Ả M Ọ N G P T H L C Ụ K A
G Ậ Q D U Ờ N O H P L P I A R
T Đ Q B D Ư Ừ N Y Â C N C H K
H T C I G V R Y N T N M Â H P
Ự Ạ N G U Ồ N G Ố C R B Y V I
C H R H A Y P A C Q C N Ó U T
V B T Ê H T D H Ỏ L M L A N O
Ậ G B V U X Ư Ơ N G R Ồ N G D
T G H V H P R K C Á N H H O A
G I L H P U N D I H L P D N I
T T T K H R H C D T C T V Y L
```

BỤI CÂY   RỪNG
CÂY   LÁ
QUẢ MỌNG   CỎ
TRE   IVY
THỰC VẬT HỌC   VƯỜN
XƯƠNG RỒNG   RÊU
HẠT ĐẬU   CÁNH HOA
PHÂN BÓN   NGUỒN GỐC
HOA   MẶT TRỜI
FLORA   THỰC VẬT

16 - Veículos

```
Đ  C  N  B  U  P  T  B  Y  K  Y  H  G  X  O
T  Ộ  I  D  D  R  O  À  È  B  B  Q  M  E  D
X  R  N  K  Q  C  L  A  U  G  R  M  K  Đ  N
E  Y  A  G  H  I  G  L  L  N  T  H  C  I  O
Đ  P  V  T  C  I  G  K  Ố  Q  G  I  Q  Ễ  X
Ạ  P  H  À  B  Ơ  Q  L  P  O  R  Ầ  R  N  E
P  U  D  G  U  H  T  H  U  Y  Ề  N  M  N  T
V  T  Ý  U  B  E  X  E  T  A  Y  G  A  G  Ả
G  L  L  V  P  X  V  Y  K  M  D  C  T  Ầ  I
C  A  R  A  V  A  N  I  U  Á  L  B  C  M  X
P  G  G  K  C  G  O  É  K  Y  Á  M  A  U  C
T  Ê  N  L  Ử  A  R  B  I  B  D  K  K  L  Ắ
H  O  K  D  V  R  G  G  L  A  U  I  B  L  T
U  U  O  R  B  T  L  K  Q  Y  O  C  H  A  E
T  G  N  T  G  N  Ơ  Ư  H  T  U  Ứ  C  E  X
```

XE CỨU THƯƠNG	BÈ
MÁY BAY	XE TAY GA
PHÀ	XE ĐIỆN NGẦM
THUYỀN	ĐỘNG CƠ
XE ĐẠP	XE BUÝT
XE TẢI	LỐP
CARAVAN	TÀU NGẦM
XE HƠI	XE TẮC XI
TÊN LỬA	MÁY KÉO
VAN	

17 - Engenharia

```
O  Đ  K  K  A  I  U  A  B  S  T  L  R  M  T
D  I  Ư  R  I  N  O  V  K  D  Ơ  R  C  U  R
D  L  P  Ờ  A  U  H  I  V  G  L  Đ  A  N  Ụ
K  Ơ  C  G  N  Ộ  Đ  G  Q  O  C  O  Ồ  D  C
Í  Q  S  C  Á  G  G  N  Ự  D  Y  Â  X  N  L
C  H  Ứ  H  O  N  K  Ó  M  Y  Ẩ  C  G  T  V
H  Y  C  Ấ  T  Ợ  U  Í  C  U  Đ  T  G  Q  H
T  D  M  T  H  Ư  L  H  N  N  O  N  M  Á  Y
H  Ổ  Ạ  L  N  L  A  I  Ố  H  P  N  Â  H  P
Ư  N  N  Ỏ  Í  G  D  I  E  S  E  L  T  T  L
Ớ  Đ  H  N  T  N  K  Ế  T  C  Ấ  U  G  G  N
C  Ị  H  G  Á  Ă  M  R  Q  I  O  Â  P  D  M
Q  N  K  C  S  N  P  P  L  L  O  S  L  Q  C
Q  H  C  V  A  O  V  P  Q  P  Y  Ộ  N  G  O
H  Q  U  V  M  N  U  B  T  O  G  Đ  I  L  K
```

MA SÁT	NĂNG LƯỢNG
GÓC	ỔN ĐỊNH
TÍNH TOÁN	KẾT CẤU
XÂY DỰNG	SỨC MẠNH
SƠ ĐỒ	CHẤT LỎNG
ĐƯỜNG KÍNH	MÁY
DIESEL	ĐO
KÍCH THƯỚC	ĐỘNG CƠ
PHÂN PHỐI	ĐỘ SÂU
TRỤC	ĐẨY

18 - Restaurante # 2

```
B  Ữ  A  T  R  Ư  A  T  K  T  U  B  L  O  V
L  Ế  S  Ú  P  V  V  N  N  Ư  Ớ  C  Á  P  D
P  H  Ụ  C  V  Ụ  N  A  M  R  C  K  C  N  Q
D  G  G  G  P  V  T  V  Y  A  Á  T  Đ  R  H
V  A  B  Ă  N  G  M  K  G  U  I  R  Ồ  T  B
U  H  G  T  P  N  T  S  H  R  T  Á  U  G  H
M  A  K  P  K  C  D  A  A  L  H  I  Ố  K  O
T  Ó  K  C  N  U  U  L  B  Y  Ì  C  N  P  B
T  R  N  I  P  G  L  A  A  K  A  Â  G  C  M
O  V  O  K  G  I  O  D  M  T  A  Y  I  Á  U
T  G  K  V  H  M  Ì  N  B  V  L  L  R  I  U
Q  I  I  Ố  T  A  Ữ  B  V  M  I  N  T  N  B
T  A  V  M  V  G  I  Ố  U  M  B  A  I  Ĩ  B
O  V  I  A  B  T  N  V  D  T  T  A  M  A  T
R  Ị  A  A  G  G  C  K  Ị  B  D  T  P  O  B
```

BỮA TRƯA	PHỤC VỤ NAM
MÓN KHAI VỊ	CÁI NĨA
NƯỚC	BĂNG
ĐỒ UỐNG	BỮA TỐI
BÁNH	RAU
GHẾ	MÌ
CÁI THÌA	CÁ
NGON	MUỐI
GIA VỊ	SALAD
TRÁI CÂY	SÚP

19 - Países #2

```
H  L  P  O  D  N  N  K  R  V  O  P  I  U  N
Y  A  D  N  A  G  U  H  P  A  G  N  B  H  T
L  L  L  H  P  H  Á  P  A  I  L  A  M  O  S
Ạ  B  I  C  G  I  U  I  T  R  G  H  B  H  B
P  A  T  Ạ  Q  O  D  D  D  E  Q  O  S  G  T
M  N  C  M  B  À  Q  D  K  G  M  I  Y  P  A
E  I  D  N  A  L  E  R  I  I  G  A  R  G  Q
X  A  P  A  A  L  E  B  A  N  O  N  I  V  H
I  R  I  Đ  K  T  C  O  Y  I  B  V  A  M  A
C  B  I  D  R  C  S  N  H  Ậ  T  B  Ả  N  I
O  P  L  J  A  M  A  I  C  A  A  Q  R  B  T
U  K  R  A  I  N  A  G  K  L  H  T  B  M  I
N  E  P  A  L  N  K  N  I  A  T  T  N  R  C
I  N  D  O  N  E  S  I  A  I  P  D  N  G  A
H  R  R  D  P  L  K  U  M  N  I  H  I  P  T
```

ALBANIA	LEBANON
ĐAN MẠCH	MEXICO
PHÁP	NEPAL
HY LẠP	NIGERIA
HAITI	PAKISTAN
INDONESIA	NGA
IRELAND	SYRIA
JAMAICA	SOMALIA
NHẬT BẢN	UKRAINA
LÀO	UGANDA

20 - Material de Arte

```
R L Q M M R R A D Y I T R G I
Q P P À T À R N V O U R G I V
L N Y U K V U Ơ I D K R A Ấ G
E C G N A H T S A U R B M Y A
S K T Ư U N É A Ắ C B À T Ẩ T
A Á H Ớ K Ả S D N C B N Y T P
E D N C T Y T N M Ì H C T Ú B
H Ầ À G A Á Ấ Ư K Ự P H G M N
Q U B D T M Đ Ớ V N C Ả L V O
U Q C C H Ạ G C B D I I G H Ế
P N R K R C O E K B L N O M I
P A S T E L S T D D Y Y I V T
Q U O B K I K Q Y A R Y I P V
I G Q C K B Y P G U C K P N K
C A H A B P G T B N A B Y Q I
```

ACRYLIC
TẨY
MÀU NƯỚC
ĐẤT SÉT
NƯỚC
GHẾ
THAN
EASEL
MÁY ẢNH
KEO

MÀU SẮC
SÁNG TẠO
BÀN CHẢI
BÚT CHÌ
BÀN
DẦU
GIẤY
PASTELS
MỰC
SƠN

21 - Números

```
C  T  Ộ  M  V  N  Ố  B  I  Ờ  Ư  M  H  P  B
Y  O  L  K  Ư  A  N  V  Ố  O  B  K  A  B  I
S  Á  U  T  L  Ờ  U  I  N  N  M  T  I  A  H
A  C  Á  I  A  H  I  Ờ  Ư  M  Ư  H  M  A  Y
T  R  S  M  M  Q  A  B  O  P  Ờ  Ậ  Ư  Q  U
O  U  I  G  L  Q  M  K  Ả  K  I  P  Ơ  B  T
N  A  Ờ  U  N  N  Q  N  Q  Y  T  P  I  H  Y
C  L  Ư  H  Ă  A  Q  U  K  D  Á  H  B  Ả  Y
M  K  M  H  M  M  Ư  Ờ  I  C  M  Â  O  B  O
T  M  Ư  Ờ  I  L  Ă  M  R  P  H  N  T  Á  M
M  Ư  Ờ  I  B  A  Y  Q  U  O  B  Í  M  U  L
B  M  P  T  S  Ố  K  H  Ô  N  G  M  N  A  A
H  Q  L  P  O  D  G  T  K  V  N  Q  B  H  I
B  R  A  T  C  H  K  A  U  M  I  T  G  G  V
V  Q  B  G  O  B  I  C  M  T  L  P  O  I  U
```

NĂM	MƯỜI BỐN
THẬP PHÂN	BỐN
MƯỜI	MƯỜI LĂM
MƯỜI SÁU	SÁU
MƯỜI BẢY	BẢY
MƯỜI TÁM	MƯỜI BA
HAI	BA
MƯỜI HAI	MỘT
CHÍN	HAI MƯƠI
TÁM	SỐ KHÔNG

22 - Física

R	Y	B	I	N	Q	M	T	Ộ	Đ	T	Ậ	M	T	M
H	I	O	G	I	H	T	P	I	Ộ	V	P	V	R	Ở
T	Ầ	N	S	Ố	H	N	V	L	N	Ậ	H	H	Ọ	R
M	C	V	L	D	R	N	D	A	G	N	U	P	N	Ộ
K	Ứ	H	O	D	Q	G	L	V	C	T	B	V	G	N
K	H	Ố	I	L	Ư	Ợ	N	G	Ơ	Ố	P	G	L	G
Ử	T	N	Ê	Y	U	G	N	V	G	C	N	B	Ự	L
T	G	Đ	Y	M	I	B	D	G	L	I	R	A	C	R
N	N	B	I	M	V	G	M	P	R	Y	A	T	V	P
Â	Ô	R	T	Ễ	V	A	Í	H	K	Ơ	C	T	K	Q
H	C	Q	R	T	N	O	H	Ổ	Q	I	O	D	Ố	G
P	R	M	A	O	C	T	K	M	H	L	Y	U	U	C
H	Ó	A	C	H	Ấ	T	Ử	N	Ạ	O	L	N	Ỗ	H
H	Ạ	T	N	H	Â	N	M	H	T	I	C	I	M	I
U	A	T	Ừ	T	Í	N	H	G	A	B	L	N	A	G

GIA TỐC

NGUYÊN TỬ

HỖN LOẠN

MẬT ĐỘ

ĐIỆN TỬ

MỞ RỘNG

CÔNG THỨC

TẦN SỐ

KHÍ

TRỌNG LỰC

TỪ TÍNH

KHỐI LƯỢNG

CƠ KHÍ

PHÂN TỬ

ĐỘNG CƠ

HẠT NHÂN

HẠT

HÓA CHẤT

PHỔ

VẬN TỐC

23 - Especiarias

```
C R V N G Ọ T U C T U M N Y Y
H Q A P L Y B G Â D T D H V M
U M G U N O R N Y A I A T G R
A K H Ê M V L G H V N T Ỏ I U
C À R I D Ù O H Ồ Y H N À H Y
L L L T U B I Ễ Ị L Ụ T O G A
T H Ì L À B P T Ố H C Q M R Q
T H Ả O Q U Ả Â U H Đ N U D U
V A N I Ả T D Y M D Ậ H I T Ế
P T U N V H H Q L R U Ư B U K
U L T M D P T I L V K Ơ Q V C
G U V U T A P M Y G H N G R A
C Â Y T H Ì L À A U Ấ G N Ắ Đ
U P L D D N L C D C U V Ừ P K
K R I M Y M D K P K C Ị G Q O
```

NGHỆ TÂY	HÀNH
CAM THẢO	RAU MÙI
TỎI	CÂY THÌ LÀ
ĐẮNG	NGỌT
CÂY HỒI	THÌ LÀ
CHUA	GỪNG
VANI	NHỤC ĐẬU KHẤU
QUẾ	TIÊU
THẢO QUẢ	HƯƠNG VỊ
CÀ RI	MUỐI

24 - Países #1

```
S  E  N  E  G  A  L  V  I  O  U  C  T  V  Q
R  O  D  A  U  C  E  B  A  H  N  A  L  P  I
T  R  C  I  V  O  C  C  O  R  O  M  T  H  S
Y  M  Q  C  B  P  A  N  A  M  A  P  L  Ầ  R
Y  V  T  Ậ  Q  R  M  A  L  I  U  U  H  N  A
Ý  P  B  P  B  V  A  A  I  Q  G  C  B  L  E
M  R  I  A  T  D  D  Z  I  U  A  H  A  A  L
M  Q  K  V  H  R  A  Y  I  L  R  I  L  N  Q
T  Â  Y  B  A  N  N  H  A  L  A  A  A  P  V
Đ  Ứ  C  N  I  P  A  P  C  L  C  P  N  Q  U
T  D  G  H  A  R  C  G  N  D  I  B  D  Q  A
A  Q  N  Y  R  U  A  C  Y  O  N  Ấ  N  Đ  Ộ
K  Q  L  Y  O  D  Y  Q  D  N  U  O  O  B  U
A  V  V  V  E  N  E  Z  U  E  L  A  L  M  M
D  C  P  C  V  Q  A  T  P  I  Y  I  H  D  D
```

ĐỨC	ẤN ĐỘ
BRAZIL	MALI
CAMPUCHIA	MOROCCO
CANADA	NICARAGUA
AI CẬP	NA UY
ECUADOR	PANAMA
TÂY BAN NHA	BA LAN
PHẦN LAN	SENEGAL
IRAQ	VENEZUELA
ISRAEL	

25 - A Mídia

```
G  K  T  P  T  Ậ  H  T  Ự  S  P  M  D  Y  P
I  Ỹ  B  M  R  R  P  Q  O  T  Q  T  V  I  D
Á  T  C  B  Ự  I  D  V  P  G  D  Y  K  R  T
O  H  G  C  C  P  Ễ  I  H  G  N  G  N  Ô  C
D  U  B  Á  T  T  H  T  D  Y  I  N  C  H  Ạ
Ụ  Ậ  D  N  U  M  H  I  R  O  P  Ạ  O  Ì  L
C  T  Đ  H  Y  Ộ  T  Ư  Ê  Í  D  M  G  N  N
V  S  Ị  Â  Ế  Đ  À  I  Ơ  N  T  N  R  H  Ê
Ý  Ố  A  N  N  I  G  R  R  N  B  U  H  Ả  I
K  V  P  R  O  Á  B  Q  B  T  G  Ả  Ễ  N  L
I  C  H  I  U  H  N  Ả  N  Q  N  M  N  H  Q
Ế  G  Ư  L  G  T  C  N  U  P  A  T  Ạ  B  R
N  L  Ơ  K  I  N  H  P  H  Í  C  Q  M  I  C
H  M  N  B  O  H  O  V  M  D  G  M  Q  M  D
P  Y  G  N  Ộ  C  G  N  Ô  C  P  N  U  V  M
```

THÁI ĐỘ	CÁ NHÂN
THƯƠNG MẠI	CÔNG NGHIỆP
LIÊN LẠC	TRÍ TUỆ
KỸ THUẬT SỐ	BÁO
PHIÊN BẢN	ĐỊA PHƯƠNG
GIÁO DỤC	TRỰC TUYẾN
SỰ THẬT	Ý KIẾN
KINH PHÍ	CÔNG CỘNG
ẢNH	ĐÀI
HÌNH ẢNH	MẠNG

26 - Casa

```
N  A  Ử  C  M  È  R  V  I  P  T  N  P  K  N
I  Ử  T  H  G  N  Ơ  Ư  G  G  V  C  K  G  L
O  C  Y  Ì  I  U  V  Ờ  Y  B  N  V  Q  B  A
P  P  Q  A  Q  R  N  N  D  C  Ử  A  S  Ổ  Y
G  P  U  K  T  H  Ư  V  I  Ễ  N  T  K  D  I
G  A  K  H  L  V  G  L  T  B  P  Ấ  A  U  G
V  C  B  Ó  L  K  G  N  N  V  B  H  M  V  N
G  Ò  C  A  G  O  B  C  H  R  Ò  T  N  R  Q
Á  H  I  Ở  Ư  S  Ò  L  À  A  T  I  H  L  Y
C  À  Ổ  H  L  Y  M  K  B  T  B  Ộ  T  Ả  O
X  N  H  T  O  P  Q  K  Ế  T  N  N  V  R  M
É  G  C  C  M  A  O  T  P  Ư  L  Ồ  V  G  I
P  R  K  U  M  R  S  D  U  Ờ  I  Đ  P  D  O
V  À  A  Q  V  A  P  E  L  N  Ầ  R  T  U  V
I  O  O  T  R  G  T  G  N  G  N  Ò  H  P  T
```

THƯ VIỆN

HÀNG RÀO

CHÌA KHÓA

VÒI HOA SEN

RÈM CỬA

NHÀ BẾP

GƯƠNG

GA-RA

CỬA SỔ

VƯỜN

LÒ SƯỞI

ĐỒ NỘI THẤT

TƯỜNG

CỬA

PHÒNG

GÁC XÉP

THẢM

TRẦN

VÒI

CHỔI

27 - Vegetais

```
R A U B I N A K C C S K B C G
G V N U Ả T S H V Ầ M Ú O K U
U L U C C N A O D U N Y P U M
K A D D Ử M L A L H G T U L Y
Q U C M C C A I T N Ừ P Â N Ơ
Ẹ H Ủ C Ù Q D T Ỏ A N Q Q Y T
H C L À G I K Â I X G U B K R
D À C R C G T Y O I Y Ả N Ấ M
B C N Ố B U N Â Q Ả D B K P A
Y V B T M A N L Y C M Í B U N
T O M I A A M T Q G I N O I I
Q C O U C H Í H G N L G T P C
P H N U Đ A T I S Ô U Ô L Y U
K D U O Ậ H À N H B R T M T L
K I T Ộ U H C A Ư D D K N B O
```

QUẢ BÍ NGÔ	NẤM
CẦN TÂY	SÚP LƠ
ATISÔ	ĐẬU
TỎI	RAU BINA
KHOAI TÂY	GỪNG
CÀ TÍM	CỦ CẢI
BÔNG CẢI XANH	DƯA CHUỘT
HÀNH	SALAD
CÀ RỐT	MÙI TÂY
CỦ HẸ	CÀ CHUA

28 - Adjetivos #1

```
Y  M  I  K  O  U  D  T  M  I  Q  I  U  H  D
T  K  R  Ỳ  G  G  N  Ặ  N  Q  Ố  O  C  O  Q
H  N  A  L  G  N  Ọ  V  M  A  H  T  Y  Ầ  Đ
O  Ấ  G  Ạ  L  Ợ  L  C  H  R  G  R  I  Y  H
M  A  P  R  R  Ư  G  A  V  T  T  U  I  N  T
O  V  K  D  Ồ  L  G  N  Ổ  H  K  N  Ẩ  Í  B
O  M  K  A  Ẫ  G  U  Ớ  Ỏ  Ơ  T  G  Q  U  Ý
R  Y  T  V  Q  N  M  L  T  M  I  T  O  Q  O
M  U  P  T  N  Ộ  U  A  U  G  B  H  H  Q  U
H  L  G  N  Ọ  R  T  N  A  U  Q  Ự  O  H  V
C  H  Ậ  M  H  I  Ễ  N  Đ  Ạ  I  C  À  N  V
Y  K  T  U  Y  Ễ  T  Đ  Ố  I  U  L  N  M  K
N  G  H  Ệ  T  H  U  Ậ  T  O  G  G  H  R  O
N  G  H  I  Ê  M  T  R  Ọ  N  G  B  Ả  T  O
K  T  A  K  B  M  Y  A  L  C  C  R  O  I  R
```

TUYỆT ĐỐI	LỚN
ĐẦY THAM VỌNG	TRUNG THỰC
THƠM	QUAN TRỌNG
NGHỆ THUẬT	CHẬM
HẤP DẪN	BÍ ẨN
KHỔNG LỒ	HIỆN ĐẠI
TỐI	HOÀN HẢO
KỲ LẠ	NẶNG
MỎNG	NGHIÊM TRỌNG
RỘNG LƯỢNG	QUÝ

29 - Psicologia

```
C  Ú  X  M  Ả  C  L  K  A  C  L  Q  Đ  V  M
Á  U  Ấ  Ơ  H  T  I  Ờ  H  T  Â  T  Á  P  A
I  T  Ộ  Đ  G  N  U  X  N  K  M  O  N  O  M
G  T  T  C  K  I  R  M  H  G  S  A  H  H  Ả
M  H  R  D  H  Q  Ấ  A  T  Q  À  B  G  K  N
Ả  Ự  Ị  C  T  Ệ  K  C  O  O  N  Ấ  I  I  H
C  C  L  Y  Á  U  N  I  M  H  G  T  Á  N  H
O  T  I  I  Ô  T  I  Á  C  Ơ  K  T  V  H  Ư
I  Ế  Ệ  V  G  M  Í  R  K  K  H  Ỉ  B  N  Ở
G  Y  U  H  Ĩ  H  G  N  Y  U  S  N  R  G  N
N  H  Ậ  N  T  H  Ứ  C  H  A  A  H  I  H  G
P  K  H  À  L  D  P  I  A  V  N  L  D  I  D
G  C  Ứ  H  T  M  Ề  I  T  Y  L  H  C  Ệ  Q
D  P  A  Y  I  K  G  Y  O  P  O  D  B  M  G
V  O  O  I  V  Ấ  N  Đ  Ề  R  C  L  N  V  V
```

ĐÁNH GIÁ	THỜI THƠ ẤU
LÂM SÀNG	ẢNH HƯỞNG
NHẬN THỨC	SUY NGHĨ
HÀNH VI	CÁ TÍNH
CUỘC HẸN	VẤN ĐỀ
XUNG ĐỘT	THỰC TẾ
CÁI TÔI	CẢM GIÁC
CẢM XÚC	GIẤC MƠ
KINH NGHIỆM	TIỀM THỨC
BẤT TỈNH	TRỊ LIỆU

30 - Paisagens

```
Y  Y  Đ  Ạ  I  D  Ư  Ơ  N  G  R  Q  V  R  L
S  Ô  N  G  B  Ă  N  G  T  R  Y  Đ  I  N  Ã
C  N  Ú  I  L  Ử  A  D  L  V  D  Ầ  A  P  N
M  Ạ  C  P  N  C  Y  L  D  Ị  V  M  V  T  H
G  C  M  N  T  N  U  I  G  N  R  L  Q  M  N
R  V  H  A  N  G  N  Ô  S  H  N  Ầ  Q  C  G
L  A  D  D  S  O  V  B  Đ  O  A  Y  G  B  U
C  Ử  A  S  Ô  N  G  Ã  Ồ  Ố  C  Đ  Ả  O  Y
Ớ  Y  B  N  Q  C  V  I  I  H  M  Q  G  Y  Ê
Ư  O  I  D  M  H  N  B  N  U  R  P  H  Y  N
N  G  Ể  Q  M  L  H  I  Q  P  A  H  L  G  M
C  P  N  I  L  C  G  Ể  O  R  Đ  Q  R  R  C
Á  P  U  C  A  U  V  N  K  N  N  Ả  N  A  C
H  I  Y  P  B  Á  N  Đ  Ả  O  Ú  M  O  C  L
T  H  U  N  G  L  Ũ  N  G  K  I  T  N  C  P
```

THÁC NƯỚC
HANG
ĐỒI
SA MẠC
CỬA SÔNG
SÔNG BĂNG
VỊNH
ĐẢO
HỒ
BIỂN

NÚI
ỐC ĐẢO
ĐẠI DƯƠNG
ĐẦM LẦY
BÁN ĐẢO
BÃI BIỂN
SÔNG
LÃNH NGUYÊN
THUNG LŨNG
NÚI LỬA

31 - Dança

```
D Ể C Â C B I U A Ó H N Ă V P
R A H I M D K T D R Ọ O V A H
U T O T Q N Ể I Đ Ổ C H H N O
N T R Q Ơ U H G R Ẻ V I U V N
G R E B Q C U Ạ B T I L B D G
H Ự O R V A D A C O Ẽ N H H T
Ệ C G I D N Q R K N N U K M R
T Q R P G Q Đ U Ế H T Ư T M À
H U A N T N T Ố L Ẩ P Y O M O
U A P H K H V L I Y Q H A C Y
Ậ N H Ị A H N K A T O I M I H
T G Y P V Ă N H O Á Á D Â D K
T R U Y Ề N T H Ố N G C N A P
C Ả M X Ú C C B U L R C T Q T
C T M B U U L O Q R Y R A M O
```

HỌC VIỆN   ÂN
VUI VẺ   PHONG TRÀO
NGHỆ THUẬT   ÂM NHẠC
CỔ ĐIỂN   ĐỐI TÁC
CHOREOGRAPHY   TƯ THẾ
CƠ THỂ   NHỊP
VĂN HOÁ   NHẢY
VĂN HÓA   TRUYỀN THỐNG
CẢM XÚC   TRỰC QUAN

32 - Nutrição

```
P  M  G  G  G  R  B  P  C  H  Ố  T  C  Ộ  Đ
Q  L  C  U  B  D  G  R  R  D  B  D  Â  C  L
E  T  A  R  D  Y  H  O  Ɓ  R  A  C  N  Â  Q
Y  V  Q  M  P  B  T  T  G  S  I  N  B  N  C
C  D  V  L  Y  Y  O  E  V  Ứ  U  H  Ằ  N  P
T  I  Ê  U  H  Ó  A  I  L  C  G  K  N  Ặ  I
Ố  C  V  Y  O  C  T  N  C  K  V  G  G  N  C
X  H  I  P  I  Ị  V  C  Y  H  K  Q  T  G  H
C  Ấ  T  Ă  D  V  U  I  Q  Ỏ  G  Y  T  N  Ấ
Ớ  T  A  N  O  G  N  U  K  E  A  V  T  Ê  T
Ư  L  M  Đ  L  N  N  L  Ê  N  M  E  N  I  L
N  Ư  I  Ư  A  Ơ  T  Ắ  Q  H  Q  B  A  K  Ỏ
I  Ợ  N  Ợ  C  Ư  A  O  Đ  Q  M  Y  B  N  N
H  N  Y  C  N  H  N  Ạ  M  E  Ỏ  H  K  Ă  G
O  G  T  H  À  N  H  P  H  Ầ  N  V  H  U  V
```

ĐẮNG
NGON
CALO
CARBOHYDRATE
ĂN ĐƯỢC
ĂN KIÊNG
TIÊU HÓA
CÂN BẰNG
LÊN MEN
THÀNH PHẦN

CHẤT LỎNG
NƯỚC XỐT
CÂN NẶNG
PROTEIN
CHẤT LƯỢNG
HƯƠNG VỊ
KHỎE MẠNH
SỨC KHỎE
ĐỘC TỐ
VITAMIN

33 - Energia

```
T  B  I  Q  A  R  N  Ơ  C  G  N  Ộ  Đ  N  Đ
I  Á  Ó  V  M  I  H  U  V  N  I  H  N  H  I
N  T  I  P  G  K  Q  A  H  Ă  B  D  I  D  Ễ
K  K  G  T  M  K  V  A  Y  X  A  A  D  Ệ  N
H  G  N  C  Ạ  Ô  T  D  D  U  U  C  Y  N  T
U  C  U  N  K  O  I  Ờ  R  T  T  Ặ  M  H  Y
Đ  I  Ệ  N  T  Ử  G  T  O  K  C  M  U  D  G
D  V  G  O  Y  Y  P  O  R  T  N  E  B  I  L
P  A  U  B  H  M  R  Y  Y  Ư  R  V  V  E  M
C  Ô  N  G  N  G  H  I  Ệ  P  Ờ  C  R  S  U
N  U  Q  I  V  M  C  K  R  I  H  N  R  E  B
H  Ạ  T  N  H  Â  N  O  T  O  H  P  G  L  Y
N  H  I  Ê  N  L  I  Ệ  U  Ô  N  H  I  Ễ  M
B  L  U  C  M  D  P  D  P  N  N  V  Q  M  O
C  A  R  B  O  N  B  B  G  Y  R  H  H  K  Y
```

MÔI TRƯỜNG	XĂNG
PIN	HYDRO
NHIỆT	CÔNG NGHIỆP
CARBON	ĐỘNG CƠ
NHIÊN LIỆU	HẠT NHÂN
DIESEL	Ô NHIỄM
ĐIỆN	TÁI TẠO
ĐIỆN TỬ	MẶT TRỜI
ENTROPY	TUA-BIN
PHOTON	GIÓ

34 - Disciplinas Científicas

```
M  M  K  T  V  Y  Đ  N  G  T  K  G  K  Đ  T
C  Ọ  H  A  Ó  H  Ị  G  U  H  I  I  S  Ộ  Â
G  A  Ả  B  C  A  Ô  H  I  N  Ả  I  N  M
U  Y  O  D  Ọ  L  C  N  T  Ê  E  I  N  G  L
C  C  C  D  H  C  H  N  S  N  S  P  H  V  Ý
Ọ  Ọ  Ổ  R  Ý  I  Ấ  G  I  V  I  H  H  Ậ  H
H  H  H  G  L  A  T  Ữ  N  Ă  O  Ẫ  Ọ  T  Ó
T  I  Ọ  G  H  C  H  V  H  N  L  U  C  H  A
Ậ  Ộ  C  Q  N  O  Ọ  K  T  H  O  H  D  Ọ  S
V  H  V  Y  I  Ợ  C  R  H  Ọ  G  Ọ  B  C  I
C  Ã  G  U  S  C  Ư  Y  Á  C  Y  C  H  I  N
Ự  X  U  R  H  A  T  I  D  N  Q  C  N  H
H  C  Ị  D  N  Ễ  I  M  Í  H  K  Ơ  C  Q  Y
T  T  H  Ầ  N  K  I  N  H  H  Y  I  I  Y  T
M  M  M  G  I  G  N  Á  O  H  K  H  I  N  A
```

GIẢI PHẪU HỌC   MIỄN DỊCH
KHẢO CỔ HỌC   NGÔN NGỮ
THIÊN VĂN HỌC   CƠ KHÍ
SINH HỌC   KHÍ TƯỢNG HỌC
HÓA SINH   KHOÁNG
THỰC VẬT HỌC   THẦN KINH
KINESIOLOGY   TÂM LÝ
SINH THÁI   HÓA HỌC
SINH LÝ HỌC   XÃ HỘI HỌC
ĐỊA CHẤT HỌC   ĐỘNG VẬT HỌC

35 - Meditação

```
Q  R  V  A  K  A  C  R  O  L  M  Y  C  U  H
Q  Ũ  Õ  Q  O  A  C  L  Q  K  Y  N  G  H  Ò
U  B  A  R  B  L  V  L  Í  T  R  Í  R  T  A
A  N  A  N  À  T  U  L  A  I  H  G  T  L  B
N  O  H  C  Đ  N  Ầ  H  T  M  Â  T  Ư  Ò  Ì
S  D  T  P  T  I  G  P  C  H  Ú  Ý  T  N  N
Á  G  L  D  L  A  Ể  P  O  T  B  M  H  G  H
T  A  D  G  N  Ặ  L  M  I  T  L  A  Ế  T  S
P  H  O  N  G  T  R  À  O  B  K  T  T  Ố  U
C  T  Q  C  N  Ê  I  H  N  N  Ê  I  H  T  Y
Ạ  Ả  G  C  H  Ấ  P  N  H  Ậ  N  R  C  I  N
H  P  M  L  Ò  N  G  B  I  Ế  T  Ơ  N  I  G
N  V  I  X  T  H  Ó  I  Q  U  E  N  T  N  H
M  V  A  R  Ú  T  H  Ư  Ơ  N  G  H  Ạ  I  Ĩ
Â  Y  V  K  R  C  Y  H  D  Ạ  Y  I  Y  I  L
```

CHẤP NHẬN   LÍ TRÍ
CHÚ Ý   PHONG TRÀO
LÒNG TỐT   ÂM NHẠC
RÕ RÀNG   THIÊN NHIÊN
THƯƠNG HẠI   QUAN SÁT
CẢM XÚC   HÒA BÌNH
DẠY   SUY NGHĨ
LÒNG BIẾT ƠN   QUAN ĐIỂM
THÓI QUEN   TƯ THẾ
TÂM THẦN   IM LẶNG

36 - Artes Visuais

```
C H Â N D U N G O I H P A Đ Ả
Đ I Ê U K H Ắ C Y Q B Y B Ấ N
B Ú T C H Ì C Q O G Ứ I M T H
Đ A N N L Y Y C G Ạ C O Ể S C
H Ồ P H I M Ả N H Q T U I É H
R I G A I P N Y G N R G Đ T Ụ
M Y O Ố V L H N Y Ế A R N G P
O Q O O M G T H C N N U A Á V
K I Ế N T R Ú C V Y H N U Q S
C Á T T Ệ I K P H Ấ N S Q I H
M Á R I T K A T H I H Á T Y T
V H I P D M V P P G Y P H I M
G L R B V V Ẽ M V N Y L U C L
D A Y I Ú Y Y N G H Ệ S Ĩ O Q
C H I G L T T H À N H P H Ầ N
```

ĐẤT SÉT
KIẾN TRÚC
NGHỆ SĨ
CÁI BÚT
VẼ
SÁP
ĐỒ GỐM
THÀNH PHẦN
SÁNG TẠO
ĐIÊU KHẮC

GIẤY NÉN
PHIM ẢNH
ẢNH CHỤP
PHẤN
BÚT CHÌ
KIỆT TÁC
QUAN ĐIỂM
BỨC TRANH
CHÂN DUNG

37 - Moda

```
Đ  G  Y  G  N  Ớ  Ư  H  U  X  B  V  V  L  Y
Ơ  A  T  Ắ  Đ  G  I  G  R  G  Y  T  Ả  N  Q
N  P  H  R  N  D  H  T  U  Ố  O  L  I  U
G  G  A  K  P  N  C  Ề  P  C  M  C  B  Á  Ầ
I  T  N  K  P  B  B  Ế  T  C  Ự  H  T  M  N
Ả  H  H  K  A  R  E  N  K  H  R  K  Ú  I  Á
N  P  L  Ế  B  N  M  Ả  H  C  Ê  C  N  Ả  O
U  L  Ị  T  I  C  M  I  I  Á  O  U  B  O  C
C  T  C  C  V  B  G  G  Ẽ  C  B  I  V  H  Ử
Q  T  H  Ấ  Y  L  A  I  N  G  L  Đ  O  T  A
C  T  L  U  N  Y  L  Ố  Đ  N  N  V  G  Q  H
O  N  U  L  L  R  Q  T  Ạ  O  H  L  I  N  À
B  T  H  N  Ố  T  M  Ê  I  H  K  A  T  H  N
P  H  Ả  I  C  H  Ă  N  G  P  A  U  B  A  G
K  U  L  G  K  A  T  R  I  K  B  P  L  L  H
```

PHẢI CHĂNG	HIỆN ĐẠI
NGHỀ THÊU	KHIÊM TỐN
NÚT	GỐC
CỬA HÀNG	THỰC TẾ
ĐẮT	REN
THOẢI MÁI	QUẦN ÁO
THANH LỊCH	ĐƠN GIẢN
PHONG CÁCH	VẢI
ĐO	XU HƯỚNG
TỐI GIẢN	KẾT CẤU

38 - Instrumentos Musicais

```
A  L  K  A  Y  Q  C  A  A  I  P  T  C  D  S
C  Ụ  Q  H  H  N  D  H  C  B  M  R  L  Ư  A
M  C  C  B  K  C  À  G  I  H  T  Ố  A  Ơ  X
L  L  O  C  A  Q  N  D  N  Ê  E  N  Q  N  O
O  Ạ  V  Q  V  H  N  V  O  Đ  N  G  G  G  P
C  C  Đ  Ù  I  A  H  H  M  À  I  G  Õ  C  H
D  P  T  K  R  M  Ạ  I  R  N  R  N  U  Ằ  O
Đ  À  N  H  Ạ  C  C  U  A  G  A  Ô  C  M  N
T  R  O  M  B  O  N  E  H  H  L  L  P  B  E
Y  D  K  È  N  K  Á  G  A  I  C  Ô  O  C  C
B  T  O  C  K  H  Y  S  R  T  G  I  O  C  E
M  A  N  D  O  L  I  N  S  A  H  V  H  K  L
L  D  R  T  U  I  C  V  B  A  C  N  L  P  L
C  N  P  I  M  G  U  Q  O  P  B  À  L  U  O
V  M  A  R  I  M  B  A  I  I  Q  Đ  G  I  G
```

MANDOLIN	LỤC LẠC
BASS	GÕ
ĐÙI	DƯƠNG CẦM
CLARINET	SAXOPHONE
DÀN NHẠC	TRỐNG
SÁO	TROMBONE
HARMONICA	KÈN
CHIÊNG	ĐÀN GHI TA
ĐÀN HẠC	ĐÀN VI Ô LÔNG
MARIMBA	CELLO

39 - Adjetivos #2

```
O  Ạ  T  G  N  Á  S  O  Y  I  I  G  M  N  B
L  Q  Ậ  Ự  G  A  V  T  K  R  H  O  R  Ó  A
C  O  H  H  N  Ầ  U  H  T  Y  H  N  Y  N  D
T  À  T  Q  Ặ  H  Ế  Q  P  A  O  I  N  G  Q
D  H  I  B  M  C  I  H  A  M  Ô  T  Ả  H  U
N  Ự  Ú  U  H  Ị  H  Ê  M  À  U  M  Ỡ  H  R
V  T  V  V  M  L  K  C  N  N  Y  H  R  O  O
D  N  P  G  Ị  H  G  K  H  Ô  K  I  M  A  B
A  T  N  R  R  N  N  T  B  Y  M  H  U  N  A
M  Ạ  N  H  D  A  Ă  M  A  R  H  A  M  G  N
L  B  L  Y  Y  H  N  H  Ớ  O  T  N  U  D  V
K  K  M  À  L  T  P  R  R  I  A  H  G  Ã  I
N  Ổ  I  D  A  N  H  K  H  Ỏ  E  M  Ạ  N  H
V  M  P  P  B  Ì  N  H  T  H  Ư  Ờ  N  G  K
V  M  Q  A  A  I  N  C  L  H  T  G  T  M  G
```

THẬT	BÌNH THƯỜNG
SÁNG TẠO	MỚI
MÔ TẢ	TỰ HÀO
NĂNG KHIẾU	MÀU MỠ
THANH LỊCH	THUẦN
NỔI DANH	NÓNG
MẠNH	MẶN
DẦY	KHỎE MẠNH
THÚ VỊ	KHÔ
TỰ NHIÊN	HOANG DÃ

40 - Roupas

```
R  N  G  O  B  H  M  M  N  R  H  I  T  K  A
K  V  D  V  R  M  G  U  H  V  I  T  D  V  D
Ề  Y  L  P  D  V  Ă  A  R  Ớ  P  D  I  Ò  P
Đ  É  P  B  L  C  N  Ầ  U  Q  L  Ổ  C  N  U
P  R  I  K  Q  D  G  Ă  U  K  Q  C  Á  G  U
Ạ  R  G  N  A  R  T  I  Ờ  H  T  G  O  T  N
T  V  P  N  Á  D  A  Á  O  C  Á  N  H  A  V
Y  Q  G  I  L  O  Y  À  I  G  C  À  K  Y  Ò
L  I  L  G  N  Ư  L  T  Ắ  H  T  U  O  Á  N
B  V  O  H  D  O  Q  E  O  L  Q  Q  Á  V  G
Q  U  Ầ  N  J  E  A  N  N  M  V  N  H  V  C
D  Q  R  Á  O  S  Ơ  M  I  N  Ũ  Ă  Y  G  Ổ
P  A  J  A  M  A  N  V  A  H  V  H  B  Y  B
R  P  Q  G  D  H  P  G  N  I  I  K  G  K  I
T  Y  P  U  D  M  N  C  O  K  M  R  G  H  P
```

TẠP DỀ	GĂNG TAY
ÁO CÁNH	VỚ
QUẦN	THỜI TRANG
ÁO SƠ MI	PAJAMA
MŨ	VÒNG TAY
THẮT LƯNG	VÁY
VÒNG CỔ	DÉP
ÁO KHOÁC	GIÀY
QUẦN JEAN	ÁO LEN
KHĂN QUÀNG CỔ	ĂN

41 - Herbalismo

```
P  I  N  N  T  Y  M  L  Ế  B  U  U  Q  C  L
A  C  H  T  A  Â  K  G  U  T  I  C  H  H  Á
D  K  C  C  U  T  T  A  Q  I  Ỏ  I  A  Ấ  K
O  I  R  M  D  Ễ  V  M  G  U  N  I  V  T  I
P  R  C  Ấ  Y  H  Ư  Ơ  N  G  V  Ị  R  L  N
I  R  E  I  N  G  Q  H  Ú  N  X  H  O  Ư  H
Q  U  N  G  K  N  A  T  H  Ơ  Ạ  U  S  Ợ  G
À  B  I  T  A  T  Y  P  Y  Ư  H  U  E  N  I
L  G  A  C  T  N  B  M  U  H  Ư  N  M  G  Ớ
Ì  I  K  I  U  Ờ  O  Ù  V  I  Ơ  Y  A  M  I
H  O  A  T  R  Ư  V  I  M  Ả  N  M  R  X  Ợ
T  M  G  U  U  V  L  T  Y  O  G  V  Y  G  L
B  Y  V  I  L  M  B  Â  C  A  O  O  T  C  Ó
T  H  Ự  C  V  Ậ  T  Y  I  O  I  U  I  T  C
T  H  À  N  H  P  H  Ầ  N  H  V  Y  Y  G  U
```

NGHỆ TÂY	HOA OẢI HƯƠNG
ROSEMARY	HÚNG QUẾ
TỎI	LÁ KINH GIỚI
THƠM	OREGANO
CÓ LỢI	THỰC VẬT
GIẤM	CHẤT LƯỢNG
HOA	HƯƠNG VỊ
THÌ LÀ	MÙI TÂY
THÀNH PHẦN	XẠ HƯƠNG
VƯỜN	XANH

42 - Arqueologia

```
P  B  Y  Đ  Đ  Y  I  K  Y  C  M  Ộ  U  V  Đ
N  O  A  Ộ  Á  C  Y  H  C  Í  T  N  À  T  Ố
H  K  A  I  N  U  Y  Ô  C  T  I  R  C  L  I
D  D  I  I  H  T  T  N  A  Ậ  U  N  R  V  T
X  I  D  P  G  G  A  G  V  D  H  N  Ả  M  Ư
N  Ư  A  I  I  I  N  R  U  I  I  T  V  P  Ợ
Y  V  Ơ  O  Á  Á  G  Õ  R  T  H  R  A  I  N
M  D  K  N  R  O  Ô  C  N  Í  C  L  I  Ó  G
K  P  R  Ê  G  S  I  I  M  C  Í  K  G  L  H
Y  C  V  Y  D  Ư  Đ  Q  B  H  T  C  N  Q  L
B  Q  B  U  G  T  Ề  Q  U  Ê  N  Y  Ê  Đ  K
Í  P  H  G  B  R  N  T  A  V  Â  T  Y  Ồ  H
Ẩ  K  L  N  T  O  N  M  R  Q  H  N  U  G  Y
N  Q  Q  Ỷ  L  Q  M  Ă  I  B  P  T  H  Ố  R
T  K  B  K  H  H  D  H  M  H  M  D  C  M  Y
```

PHÂN TÍCH	MẢNH
NĂM	BÍ ẨN
ĐÁNH GIÁ	ĐỐI TƯỢNG
ĐỒ GỐM	XƯƠNG
KHÔNG RÕ	GIÁO SƯ
ĐỘI	DI TÍCH
KỶ NGUYÊN	TÀN TÍCH
CHUYÊN GIA	NGÔI ĐỀN
QUÊN	MỘ
HÓA THẠCH	

43 - Agronomia

```
N  Ò  M  I  Ó  X  K  A  Q  R  O  B  P  V  K
N  Ô  H  T  G  N  Ô  N  U  A  T  K  R  L  H
O  Ă  N  Ó  B  N  Â  H  P  U  Y  L  U  V  O
K  O  N  G  H  Ạ  T  G  I  Ố  N  G  B  D  A
H  V  P  G  N  M  Ô  I  T  R  Ư  Ờ  N  G  H
R  Ữ  B  M  L  G  A  K  Ấ  D  P  O  H  T  Ọ
B  N  U  O  Q  Ư  H  P  Đ  C  U  L  Y  Â  C
G  A  D  C  K  C  Ợ  I  Ô  N  H  I  Ễ  M  Ớ
P  G  L  Q  Ơ  P  H  N  Ệ  B  K  L  V  I  Ư
B  Ề  N  V  Ữ  N  G  P  G  P  Q  U  R  M  N
S  I  N  H  T  H  Á  I  H  Ệ  T  H  Ố  N  G
H  O  D  G  I  M  U  M  B  U  U  D  G  K  O
K  A  O  P  I  K  U  A  D  Q  U  R  U  C  M
S  Ả  N  X  U  Ấ  T  T  R  I  Q  K  U  K  U
S  Ự  P  H  Á  T  T  R  I  Ể  N  C  N  B  K
```

NÔNG NGHIỆP   RAU
MÔI TRƯỜNG   HỮU CƠ
NƯỚC   CÂY
KHOA HỌC   Ô NHIỄM
SỰ PHÁT TRIỂN   SẢN XUẤT
BỆNH   NÔNG THÔN
SINH THÁI   HẠT GIỐNG
NĂNG LƯỢNG   HỆ THỐNG
XÓI MÒN   ĐẤT
PHÂN BÓN   BỀN VỮNG

44 - Frutas

```
C G I O H D U P D C U N D B B
Q H G V D V Ừ B Ứ H U V O Ê L
I N U C G N Y A A A N I I M A
Y Ì L Ố L O À Đ H N A Ả U Q C
V H I W I K Ả U Q H K Q G B K
C D C T C B N M V I A U Y C B
T Á O Q A U I I R G A Ả U H E
G T À A U O Ô I G C T M O M R
B Ủ Đ U Đ Ả X M O M Q Ọ C K R
T R Á I B Ơ M A D T C N P V Y
K R U T K R Â Ơ N C A G R B L
L O V K H P M K Y G M U O O U
G K U N Y C Â Y X U Â N Đ À O
I H I N L V R U C B P Y A Q H
H B R G M D T R Á I X O À I N
```

TRÁI BƠ   QUẢ KIWI
DỨA   CAM
BLACKBERRY   CHANH
QUẢ MỌNG   TÁO
CHUỐI   ĐU ĐỦ
QUẢ ANH ĐÀO   TRÁI XOÀI
DỪA   CÂY XUÂN ĐÀO
QUẢ MƠ   LÊ
HÌNH   ĐÀO
MÂM XÔI   NHO

45 - Corpo Humano

```
M  I  U  B  D  R  P  D  A  L  Đ  L  R  N  L
R  T  H  I  T  R  K  I  T  A  Ầ  B  G  I  G
K  M  L  M  I  T  Y  M  A  D  U  Ầ  Đ  K  T
R  H  B  Q  I  L  I  Y  I  D  G  C  H  Â  N
Y  A  U  N  Ũ  Ễ  O  O  L  R  Ố  G  D  I  R
D  B  R  Ỷ  M  P  N  Á  R  T  I  L  Ổ  P  K
M  N  U  O  U  Y  C  G  Y  Ắ  P  H  C  G  B
T  M  H  N  H  T  V  D  V  M  L  V  Ằ  V  T
D  P  T  P  I  À  A  A  Q  Q  D  D  M  U  O
O  N  O  B  G  A  M  Y  Á  Ó  C  Y  P  T  N
L  T  U  V  O  M  V  T  C  A  G  V  H  G  M
V  M  R  N  I  M  Q  M  T  A  Y  A  T  G  B
V  O  N  Q  I  M  D  Á  Ắ  B  B  I  I  Q  O
N  G  Ó  N  T  A  Y  U  M  B  V  C  R  V  R
L  Q  M  O  P  P  K  R  A  L  K  U  N  O  R
```

MIỆNG	MẮT
ĐẦU	VAI
ÓC	TAI
TIM	DA
KHUỶU TAY	CHÂN
NGÓN TAY	CỔ
ĐẦU GỐI	CẰM
HÀM	MÁU
TAY	TRÁN
MŨI	MẮT CÁ

46 - Caminhada

```
M  N  Y  H  R  I  Ạ  R  T  M  Ắ  C  U  K  S
Y  Ễ  Ư  B  N  T  A  G  N  Ố  Y  À  I  G  Ự
T  B  T  Ớ  M  V  Y  R  V  I  Ú  N  Ờ  Đ  Đ
T  H  B  N  C  Y  L  Á  N  Q  Ê  R  Ộ  Ị
U  R  G  N  I  Y  G  N  C  G  T  I  T  N  N
Ã  D  G  N  A  O  H  L  H  U  H  V  T  G  H
P  V  N  Ã  B  B  R  Y  Đ  Y  Ờ  G  Ặ  V  H
K  Ị  U  D  O  T  B  A  Á  H  I  N  M  Ậ  Ư
H  I  B  G  D  Q  V  N  N  I  T  Ô  O  T  Ớ
Í  Ồ  Đ  N  Ả  B  K  Y  Ặ  Ể  I  C  O  Q  N
H  G  N  Ớ  Ể  I  H  T  N  M  Ế  L  U  B  G
Ậ  N  V  Ư  Y  U  O  K  G  Q  T  B  B  R  L
U  Đ  Á  H  D  T  H  I  Ê  N  N  H  I  Ê  N
L  A  K  T  N  O  L  C  G  V  G  P  D  C  U
P  M  Q  G  B  G  G  H  R  Q  O  P  R  G  Q
```

CẮM TRẠI	SỰ ĐỊNH HƯỚNG
ĐỘNG VẬT	CÔNG VIÊN
NƯỚC	ĐÁ
GIÀY ỐNG	VÁCH ĐÁ
MỆT	MỐI NGUY HIỂM
KHÍ HẬU	NẶNG
HƯỚNG DẪN	CHUẨN BỊ
BẢN ĐỒ	HOANG DÃ
NÚI	MẶT TRỜI
THIÊN NHIÊN	THỜI TIẾT

47 - Biologia

```
Đ  C  Ọ  H  U  Ẫ  H  P  I  Ả  I  G  T  D  A
B  Ộ  C  P  O  À  B  Ế  T  D  N  K  H  T  H
Q  U  T  H  Q  R  H  Ô  H  Ấ  P  M  Ầ  Ự  V
I  R  Á  B  N  P  M  D  T  A  O  U  N  N  H
D  O  S  Q  I  G  C  O  M  P  O  I  K  H  N
I  H  Ò  A  G  Ế  Ử  T  N  C  Â  Y  I  I  I
O  H  B  T  M  I  N  Đ  I  E  G  R  N  Ê  N
E  N  Z  Y  M  E  R  O  Ô  U  O  L  H  N  P
V  I  K  H  U  Ẩ  N  M  H  N  U  L  C  E  L
C  Ộ  N  G  S  I  N  H  P  U  G  A  D  G  Y
N  N  Y  T  A  U  P  R  O  T  E  I  N  A  C
T  I  Ế  N  H  Ó  A  D  N  C  I  B  O  L  B
Q  U  A  N  G  H  Ợ  P  D  O  A  M  P  L  U
N  H  I  Ễ  M  S  Ắ  C  T  H  Ể  N  A  O  D
T  H  Ẩ  M  T  H  Ấ  U  I  U  P  Y  R  C  K
```

GIẢI PHẪU HỌC	HORMONE
VI KHUẨN	ĐỘT BIẾN
TẾ BÀO	TỰ NHIÊN
COLLAGEN	THẦN KINH
NHIỄM SẮC THỂ	THẨM THẤU
PHÔI	CÂY
ENZYME	PROTEIN
TIẾN HÓA	HÔ HẤP
QUANG HỢP	BÒ SÁT
NGỦ ĐÔNG	CỘNG SINH

48 - Beleza

```
D  D  B  T  D  D  M  Ơ  H  T  G  N  Ơ  Ư  H
D  Ụ  D  Y  D  C  Y  Ỹ  I  R  L  Ị  T  S  G
C  V  M  L  K  V  R  K  P  K  Q  M  R  O  Ư
T  H  A  N  H  L  Ị  C  H  H  M  R  A  N  Ơ
G  C  D  Â  A  U  I  C  K  T  Ẩ  Q  N  M  N
U  Ị  C  H  Q  B  A  O  H  K  D  M  G  Ô  G
S  D  Y  Ă  O  V  U  B  L  M  K  Y  Đ  I  P
D  A  C  G  N  B  D  M  U  H  Q  M  I  M  H
Ầ  R  N  I  C  Ả  I  O  Q  S  M  B  Ể  D  A
U  A  C  G  A  A  N  M  K  T  H  G  M  I  M
G  C  U  V  T  G  O  H  P  Y  D  Ầ  U  À  M
Ộ  S  R  O  D  R  V  G  B  L  C  V  C  V  T
I  A  L  A  O  L  Ọ  T  B  I  I  D  N  I  D
M  M  S  K  É  O  L  N  B  S  T  K  D  G  I
Q  U  Y  Ế  N  R  Ũ  C  G  T  H  Q  A  Y  K
```

SON MÔI
CURLS
QUYẾN RŨ
MÀU
MỸ PHẨM
THANH LỊCH
SANG TRỌNG
GƯƠNG
STYLIST
ĂN ẢNH

HƯƠNG THƠM
ÂN
TRANG ĐIỂM
DẦU
DA
MASCARA
DỊCH VỤ
MỊN
KÉO
DẦU GỘI

49 - Água

```
T  B  A  Đ  Y  P  V  S  Y  U  R  B  D  Y  U
U  U  V  Ạ  T  V  Ò  B  Ó  L  N  K  G  V  R
Y  Q  L  I  L  Á  I  G  G  N  Ơ  Ư  S  N  C
Ế  N  G  D  Q  V  H  R  B  U  G  N  Ô  S  Đ
T  N  Y  Ư  A  V  O  N  Ư  Ớ  C  Đ  Á  H  Ộ
A  P  U  Ơ  H  Ồ  A  N  H  D  L  M  U  Ơ  Ẩ
O  Ã  B  N  Ơ  C  S  N  D  N  I  C  M  I  M
G  A  V  G  C  R  E  S  Y  E  G  A  Ư  N  G
G  D  G  G  K  D  N  L  Ũ  L  Ụ  T  A  Ư  C
N  A  O  Q  B  G  N  Ố  U  P  H  M  L  Ớ  B
R  K  Ê  N  H  I  Ợ  L  Y  Ủ  H  T  R  C  N
Q  M  V  T  R  Ó  O  U  C  T  Y  Y  P  O  V
R  H  V  M  B  M  G  I  I  K  K  G  O  C  R
Q  V  O  G  Y  Ù  B  A  Y  H  Ơ  I  L  G  Y
N  T  A  R  G  A  H  O  Y  T  T  L  G  L  C
```

KÊNH	HỒ
MƯA	GIÓ MÙA
VÒI HOA SEN	TUYẾT
BAY HƠI	ĐẠI DƯƠNG
CƠN BÃO	SÓNG
SƯƠNG GIÁ	UỐNG
NƯỚC ĐÁ	SÔNG
GEYSER	ĐỘ ẨM
LŨ LỤT	HƠI NƯỚC
THỦY LỢI	

50 - Filantropia

```
Y  U  B  M  T  Q  G  N  Ộ  C  G  N  Ô  C  M
N  C  Ử  S  H  C  Ị  L  Ụ  V  M  Ễ  I  H  N
O  Y  B  U  Ế  L  N  M  G  Y  G  N  Ờ  Ư  T
T  B  C  K  H  D  U  Q  T  P  T  Y  Ư  Ơ  O
K  R  D  N  Ễ  I  H  T  Ừ  T  Q  B  G  N  À
O  G  U  Ê  I  T  C  Ụ  M  H  B  U  N  G  N
C  Ạ  L  N  Ê  I  L  V  Ó  A  O  U  Ỹ  T  C
G  N  Ồ  Đ  G  N  Ộ  C  H  N  R  D  A  R  Ằ
P  T  O  D  N  T  D  D  N  H  C  R  M  Ì  U
T  U  N  C  Ặ  M  H  A  O  N  R  A  N  N  R
P  R  K  Ầ  T  H  M  Ự  U  I  T  H  K  H  R
I  D  Ể  N  T  R  A  I  C  Ê  Y  I  M  B  D
G  M  U  E  D  I  Ạ  O  L  N  Â  H  N  U  Q
V  M  G  T  M  T  À  I  C  H  Í  N  H  M  D
P  N  U  C  D  K  V  Q  D  G  M  P  V  G  T
```

TỪ THIỆN	LỊCH SỬ
CỘNG ĐỒNG	TRUNG THỰC
LIÊN LẠC	NHÂN LOẠI
TRẺ EM	THANH NIÊN
TẶNG	NHIỆM VỤ
TÀI CHÍNH	CẦN
QUỸ	MỤC TIÊU
THẾ HỆ	NGƯỜI
TOÀN CẦU	CHƯƠNG TRÌNH
NHÓM	CÔNG CỘNG

51 - Ecologia

```
C A N K H I P N Đ G R U N Đ I
O N O Ú H T L A A K T R T Ộ Q
Q Ê Y T I A G Q D Ậ N F N R
D Y U P A P Y A Ạ C V I L G D
P U Y N V U C L N M C A O V A
M G K N A Ậ Ộ H G A Ự A R Ậ M
B N N Ê I H N N Ê I H T A T P
U I P I L Í G L N K T S G N R
P À Ể H N H Đ L O À I C R T G
P T U N H K Ồ H Ạ N H Á N A V
C H D Ự C K N C Â Y I I N I M
L U D T D O G N Ữ V N Ề B I H
S Ự S Ố N G C Ò N M Y V A V M
T O À N C Ầ U B H N D T K L T
L G Q N K C O G R N N H H U V
```

KHÍ HẬU	TỰ NHIÊN
CỘNG ĐỒNG	THIÊN NHIÊN
ĐA DẠNG	MARSH
LOÀI	CÂY
ĐỘNG VẬT	TÀI NGUYÊN
FLORA	HẠN HÁN
TOÀN CẦU	SỰ SỐNG CÒN
BIỂN	BỀN VỮNG
NÚI	THỰC VẬT

52 - Família

```
P  V  T  T  N  O  O  O  G  C  P  H  C  O  N
A  Q  P  K  T  V  T  Q  C  H  C  M  M  M  Ê
M  C  K  Q  R  R  B  U  H  Á  N  B  O  N  I
Y  K  A  M  I  O  T  N  Ú  U  O  Q  Q  T  T
O  D  H  A  O  V  A  Y  U  G  N  Ô  C  D  Ổ
M  Ẹ  A  B  O  B  L  K  C  Á  A  O  P  B  T
V  L  A  D  U  U  N  G  C  I  Á  G  M  E  T
C  M  M  M  Y  Ấ  B  V  M  H  Y  K  I  V  Y
N  L  V  B  Q  Ơ  L  À  D  R  Á  R  Á  I  B
D  T  P  C  Ọ  H  M  E  Ì  R  N  U  G  R  Q
C  O  I  A  R  T  H  N  A  V  L  R  N  Q  R
K  M  N  T  M  I  R  V  D  V  Ợ  N  O  N  L
H  Q  Q  P  T  Ờ  N  Ẻ  A  A  I  K  C  G  K
O  K  I  Q  Y  H  N  U  E  G  N  Ồ  H  C  C
K  G  V  C  K  T  C  N  G  M  T  T  A  Q  Y
```

TỔ TIÊN	ANH TRAI
BÀ	CHỒNG
ÔNG	MẸ
CON	CHA
TRẺ EM	EM HỌ
VỢ	CHÁU GÁI
CON GÁI	CHÁU
THỜI THƠ ẤU	DÌ
EM GÁI	CHÚ

53 - Férias #2

```
S  O  A  T  B  B  N  P  I  B  D  M  P  L  Y
Â  I  G  B  N  N  M  Q  B  I  G  M  L  N  O
N  T  N  Y  Ể  Ú  G  L  Ã  Ể  L  T  N  Q  A
B  D  C  B  Y  Ả  I  A  I  N  R  O  T  D  P
A  T  H  C  U  M  N  A  B  P  C  Y  C  B  O
Y  U  Ế  I  H  C  Ộ  H  I  Ạ  R  T  M  Ắ  C
H  Q  R  V  C  O  V  U  Ể  G  N  X  T  G  K
L  À  D  O  N  L  Ề  U  N  I  G  E  H  G  H
Ồ  B  N  B  Ậ  O  B  Q  Ế  Ả  O  T  I  Q  Á
Đ  Ả  O  H  V  R  Q  P  Đ  I  Ạ  Ắ  T  T  C
N  U  A  O  T  H  P  A  M  T  I  C  H  T  H
Ả  M  R  B  A  R  I  P  Ể  R  Q  X  Ự  A  S
B  M  L  V  G  P  Ì  A  I  Í  U  I  C  K  Ạ
H  D  Ễ  L  Y  À  G  N  Đ  Y  Ố  M  V  C  N
T  Y  C  U  M  P  Q  R  H  V  C  U  H  D  B
```

CẮM TRẠI	BIỂN
SÂN BAY	NÚI
ĐIỂM ĐẾN	HỘ CHIẾU
NGOẠI QUỐC	BÃI BIỂN
NGÀY LỄ	XE TẮC XI
ẢNH	LỀU
KHÁCH SẠN	VẬN CHUYỂN
ĐẢO	HÀNH TRÌNH
GIẢI TRÍ	THỊ THỰC
BẢN ĐỒ	

54 - Edifícios

```
S  I  Ê  U  T  H  Ị  V  I  R  V  D  P  D  T
Q  Ạ  À  O  Đ  À  I  Q  U  A  N  S  Á  T  R
C  R  G  Đ  S  Â  N  V  Ậ  N  Đ  Ộ  N  G  Ư
Ă  T  P  H  U  N  H  À  M  Á  Y  L  C  B  Ờ
N  G  P  I  U  Â  K  U  G  U  M  C  U  B  N
H  N  K  K  L  B  L  L  M  H  C  Y  B  R  G
Ộ  Ô  R  I  Y  Đ  Ạ  I  S  Ứ  Q  U  Á  N  H
G  N  À  T  O  Ả  B  L  D  U  B  B  O  Ạ  Ọ
A  V  Ự  A  T  C  U  H  Ề  M  Ẽ  C  C  S  C
R  G  G  A  R  A  R  C  H  U  N  A  H  H  Ọ
T  Ạ  O  H  O  R  G  C  R  U  H  B  U  C  H
H  R  P  Á  H  T  R  Q  I  H  V  I  O  Á  I
U  D  Ờ  H  T  À  H  N  L  P  I  N  G  H  Ạ
K  R  R  Y  Á  K  M  R  R  Y  Ẽ  D  G  K  Đ
P  V  C  M  R  T  U  K  G  M  N  K  G  T  Y
```

CĂN HỘ	GA-RA
CABIN	BỆNH VIỆN
LÂU ĐÀI	KHÁCH SẠN
NHÀ THỜ	BẢO TÀNG
VỰA	ĐÀI QUAN SÁT
ĐẠI SỨ QUÁN	SIÊU THỊ
TRƯỜNG HỌC	RẠP HÁT
SÂN VẬN ĐỘNG	LỀU
NÔNG TRẠI	THÁP
NHÀ MÁY	ĐẠI HỌC

55 - Boxe

```
R M U D I K H U Ỷ U T A Y T K
G M R B H P I B P Q K M D T I
C T Á D D A D T Y H B D B G Ễ
G O V Đ O Đ Ấ U S Ĩ K O N K T
M O P Y I À T G N Ọ R T Ắ U S
K T A C S Ể H T Ơ C Ó G M G Ứ
T U A M Ứ K M M G V D N T Ă C
Y I Ồ H C Ụ H P B H M Ơ A N C
L Q M L M N L C P Q G Ư Y G C
A G C A Ạ G M V C K V H P T T
Y M B G N Ô U H C P Ỹ T A A H
M V R Ủ H T I Ố Đ K Q N D Y N
Q G A Y N H G U U H B Ấ Ă T Q
D U C Ằ M V O B D R U H H N Q
T I Ê U Đ I Ể M Y C A C C U G
```

TRỌNG TÀI	CHẤN THƯƠNG
GÓC	ĐẤU SĨ
ĐÁ	GĂNG TAY
CƠ THỂ	ĐỐI THỦ
KHUỶU TAY	ĐIỂM
KIỆT SỨC	NẮM TAY
TIÊU ĐIỂM	CẰM
SỨC MẠNH	PHỤC HỒI
KỸ NĂNG	CHUÔNG

56 - Floresta Tropical

```
Đ  C  N  T  K  L  A  O  N  N  G  M  M  R  Ý
Á  Ô  N  C  O  P  Ị  Y  B  K  H  Í  H  Ậ  U
M  N  T  L  B  Y  Đ  Q  B  B  D  T  S  P  Q
M  T  S  Ự  T  Ô  N  T  R  Ọ  N  G  Ự  H  C
Â  R  R  M  D  Y  Ả  C  L  B  Ê  N  S  Ụ  Ộ
Y  Ù  I  O  A  C  B  R  H  Y  I  Ạ  Ố  C  N
E  N  S  Ự  B  Ả  O  T  Ồ  N  H  D  N  H  G
G  G  T  H  Ự  C  V  Ậ  T  A  N  A  G  Ồ  Đ
P  N  U  M  P  Q  R  T  I  O  N  Đ  C  I  Ồ
T  Ừ  R  F  K  C  V  R  N  M  Ê  I  Ò  A  N
P  R  Q  Ê  E  D  P  I  I  H  I  B  N  K  G
A  Q  H  V  U  R  C  T  D  I  H  H  O  T  M
A  A  B  C  P  L  D  A  R  O  T  O  C  Y  M
K  U  H  N  R  M  R  C  N  I  U  T  R  K  A
R  K  N  C  O  O  H  O  G  L  O  À  I  K  Q
```

THỰC VẬT	ĐÁM MÂY
KHÍ HẬU	CHIM
CỘNG ĐỒNG	SỰ BẢO TỒN
ĐA DẠNG	REFUGE
LOÀI	SỰ TÔN TRỌNG
BẢN ĐỊA	PHỤC HỒI
CÔN TRÙNG	RỪNG
RÊU	SỰ SỐNG CÒN
THIÊN NHIÊN	QUÝ

57 - Música

```
M R V K T T Á H G N Ọ I G M A
U I C Ú H K P Ễ I Đ V N B A C
B Ụ C G N Ụ D C A R E P O N O
L A K R M Y N O I D R Ợ L H Q
A Q A R O Q U C Đ R D H D Ị Y
P I U D A P H G I K C A M P V
R K C G D O H B Ẽ O D Ò U V D
Â M N H Ạ C N O U V U H M Q A
N Ể I Đ Ổ C Ì O N Ế I B G N Ứ
P H M H U M T G C E G H I Â M
R Y Ạ V O T Ữ A D A L L A B C
T Á H C O C R R U C S O D D N
H B B Q S R T G B Q G Ĩ I O R
Ơ I R H V Ĩ T I Ế N Đ Ộ A T O
P P K V Y Q G U I N Q H P O C
```

ALBUM	TRỮ TÌNH
BALLAD	GIAI ĐIỆU
HÁT	MICROPHONE
CA SĨ	ÂM NHẠC
CỔ ĐIỂN	NHẠC SĨ
ĐIỆP KHÚC	OPERA
GHI ÂM	THƠ
HÒA HỢP	NHỊP
ỨNG BIẾN	TIẾN ĐỘ
DỤNG CỤ	GIỌNG HÁT

58 - Matemática

```
U  A  I  Y  V  S  Đ  C  H  R  V  S  R  T  O
Q  I  R  A  N  O  O  Ư  U  I  P  Ố  O  H  D
H  P  M  A  I  N  U  G  Ờ  I  R  H  Q  N  K
C  Q  H  C  D  G  Y  H  B  N  Y  Ọ  H  Ì  T
U  H  P  N  Ố  S  N  Â  H  P  G  C  Y  R  Ậ
C  N  U  U  S  O  P  N  R  N  L  K  Q  T  H
I  Í  O  V  I  N  Đ  A  G  I  Á  C  Í  G  N
O  K  C  Á  I  G  M  A  T  C  K  Ọ  Đ  N  Ữ
V  N  Â  H  P  P  Ậ  H  T  P  M  H  Ố  Ơ  H
G  Á  Y  B  T  M  K  K  M  K  I  H  I  Ư  C
Ó  B  T  U  D  Ũ  Y  O  G  N  B  N  X  H  H
C  Ó  G  G  N  Ô  U  V  R  U  P  Ì  Ứ  P  N
Q  U  Ả  N  G  T  R  Ư  Ờ  N  G  H  N  B  Ì
O  H  N  C  Ổ  Â  M  L  Ư  Ợ  N  G  G  U  H
K  Q  P  B  V  T  K  O  O  B  V  T  H  R  D
```

SỐ HỌC	CHU VI
GÓC	VUÔNG GÓC
THẬP PHÂN	ĐA GIÁC
ĐƯỜNG KÍNH	QUẢNG TRƯỜNG
PHƯƠNG TRÌNH	BÁN KÍNH
MŨ	HÌNH CHỮ NHẬT
PHÂN SỐ	ĐỐI XỨNG
HÌNH HỌC	TỔNG
SỐ	TAM GIÁC
SONG SONG	ÂM LƯỢNG

59 - Saúde e Bem Estar #1

```
T  Ú  R  I  V  B  D  C  B  H  P  R  D  C  Y
G  I  Q  O  C  N  P  R  D  O  H  Q  Â  M  V
A  Ã  Ẽ  P  M  P  Y  P  B  V  Q  M  Y  P  I
N  B  Y  M  H  O  Ạ  T  Đ  Ộ  N  G  T  Đ  K
Ố  P  N  X  T  U  R  Q  P  B  Q  N  H  Ó  H
T  D  A  Q  Ư  H  R  P  Ắ  Á  B  Ơ  Ầ  I  U
H  H  K  M  B  Ơ  U  Y  B  C  A  Ư  N  T  Ẩ
C  P  Ư  C  U  N  N  Ố  Ơ  S  O  X  K  H  N
Í  C  P  G  A  I  I  G  C  Ĩ  T  T  I  Ó  A
H  N  U  Ễ  I  L  Ị  R  T  N  H  Ư  N  I  A
T  M  V  T  Y  Ã  V  C  L  P  U  T  H  Q  M
H  O  H  Q  Ạ  X  N  Ả  H  P  Ố  H  Y  U  Y
C  Đ  I  Ề  U  T  R  Ị  T  A  C  Ế  K  E  N
Í  C  H  I  Ề  U  C  A  O  Y  P  B  L  N  A
K  L  O  I  H  M  O  Q  N  A  A  V  U  T  M
```

CHIỀU CAO
HOẠT ĐỘNG
VI KHUẨN
BÁC SĨ
TIỆM THUỐC
ĐÓI
GÃY XƯƠNG
THÓI QUEN
KÍCH THÍCH TỐ
THUỐC

CƠ BẮP
DÂY THẦN KINH
XƯƠNG
DA
TƯ THẾ
PHẢN XẠ
THƯ GIÃN
TRỊ LIỆU
ĐIỀU TRỊ
VI RÚT

60 - Imigração

```
N  H  Ý  L  N  Ả  U  Q  Ự  S  D  C  M  P  Q
G  K  Ạ  T  U  B  C  O  G  N  A  U  I  U  O
Ư  I  O  N  À  Ậ  S  Ự  B  Ả  O  V  Ệ  K  P
Ờ  N  I  Q  C  I  T  L  T  V  N  Q  Q  B  L
I  H  T  A  L  H  L  I  N  G  Ô  N  N  G  Ữ
L  P  Ú  I  G  H  Ó  I  O  D  H  B  C  Q  Q
Ớ  H  Q  M  E  Ể  R  T  Ẽ  A  B  U  Ă  U  C
N  Í  D  À  Q  V  M  U  Q  U  G  N  Á  L
T  Ì  N  H  H  Ì  N  H  N  Q  R  I  G  T  I
U  G  L  N  Đ  À  M  P  H  Á  N  Ả  T  R  Ê
B  N  Y  H  Q  L  Q  R  U  R  K  I  H  Ì  N
M  A  H  M  U  Y  V  C  T  A  A  P  Ẩ  N  L
S  Ự  C  H  Ấ  P  T  H  U  Ậ  N  H  N  H  Ạ
N  M  V  T  B  U  L  L  H  K  P  Á  G  T  C
M  U  H  Y  A  H  U  P  G  U  O  P  Q  D  Y
```

SỰ QUẢN LÝ   NHÀ
NGƯỜI LỚN   LUẬT
GIÚP   NGÔN NGỮ
SỰ CHẤP THUẬN   ĐÀM PHÁN
LIÊN LẠC   HẠN CHÓT
TRẺ EM   QUÁ TRÌNH
TÀI LIỆU   SỰ BẢO VỆ
CĂNG THẲNG   TÌNH HÌNH
KINH PHÍ   GIẢI PHÁP

61 - Natureza

```
Y  S  S  X  V  N  Q  P  O  S  Y  M  A  H  B
H  Ô  E  B  Ó  Ẻ  G  A  N  Ư  P  U  P  T  V
A  N  R  N  H  I  Đ  P  G  Ơ  D  G  O  M  K
H  G  E  Ú  P  B  M  Ẹ  R  N  I  N  M  G  P
U  B  N  I  L  Á  Q  Ò  P  G  T  Ọ  R  I  I
N  Ă  E  K  O  N  A  A  N  M  Ậ  R  A  I  U
Ă  N  T  D  Q  I  H  Q  N  Ù  V  T  H  T  R
N  G  O  N  O  V  M  I  Ã  D  G  N  A  O  H
G  N  Ô  S  Y  I  O  V  Ễ  G  N  A  L  I  R
Đ  Ừ  C  P  N  R  B  O  B  T  Ộ  U  N  H  Đ
Ộ  R  Y  L  A  M  C  Y  G  R  Đ  Q  C  M  Á
N  O  I  I  A  C  A  O  V  L  D  Ớ  G  V  M
G  D  O  D  I  O  C  S  A  M  Ạ  C  I  V  M
B  Ắ  C  C  Ự  C  K  Q  I  G  O  G  R  A  Â
H  Ò  A  B  Ì  N  H  N  Á  H  T  Q  L  U  Y
```

ONG	NÚI
ĐỘNG VẬT	SƯƠNG MÙ
BẮC CỰC	ĐÁM MÂY
VẺ ĐẸP	HÒA BÌNH
SA MẠC	SÔNG
NĂNG ĐỘNG	THÁNH
XÓI MÒN	HOANG DÃ
RỪNG	SERENE
LÁ	NHIỆT ĐỚI
SÔNG BĂNG	QUAN TRỌNG

62 - A Empresa

```
K  A  Ộ  D  O  Ạ  T  G  N  Á  S  D  C  Q  G
I  I  B  K  Y  C  H  M  K  U  Ả  A  H  U  P
B  G  N  Ă  N  Ả  H  K  P  M  N  N  U  Y  O
G  P  Ế  H  C  T  L  Y  D  N  P  H  Y  Ế  N
V  T  I  D  D  B  O  I  L  U  H  T  Ê  T  K
Y  K  T  I  Y  O  L  À  Y  B  Ẩ  I  N  Đ  P
K  G  K  Q  V  U  A  P  N  V  M  Ế  N  Ị  Y
U  C  D  K  O  H  T  N  H  C  U  N  G  N  H
H  M  R  Ủ  I  R  O  A  H  R  Ầ  G  H  H  N
T  À  I  N  G  U  Y  Ê  N  U  U  U  I  L  Y
H  L  C  H  Ấ  T  L  Ư  Ợ  N  G  H  Ẽ  Đ  Q
N  C  X  U  H  Ư  Ớ  N  G  N  R  I  P  Ơ  I
A  Ẽ  T  R  Ì  N  H  B  À  Y  C  T  R  N  N
O  I  C  Ô  N  G  N  G  H  I  Ệ  P  B  V  C
D  V  Đ  Ầ  U  T  Ư  G  V  O  C  T  A  Ị  T
```

TRÌNH BÀY	CHUYÊN NGHIỆP
SÁNG TẠO	TIẾN BỘ
QUYẾT ĐỊNH	CHẤT LƯỢNG
VIỆC LÀM	DOANH THU
TOÀN CẦU	TÀI NGUYÊN
CÔNG NGHIỆP	DANH TIẾNG
ĐẦU TƯ	RỦI RO
KINH DOANH	XU HƯỚNG
KHẢ NĂNG	ĐƠN VỊ
SẢN PHẨM	

63 - Doença

```
Q N N R H D D T L C K A O Y T
L V Ề Q Ộ N Ị R Â H O H T B H
L H Y T I C Ứ Ị Y G C M C K Ắ
Y Ế U B C M N L N Ể H T Ơ C T
U B R A H Ã G I H Y Ữ U K N L
B Y T R Ứ N K Ẽ I A A L Y K Ư
M Ê I V N T B U Ễ Y B E C U N
I I D T G Í Ụ V M Ẽ Ở G B G
T Ổ Ễ H R N N D L P N H V L Q
H H K N A H G N Ẩ U H K I V D
G P R Ẹ E D O B H K Q C C N V V
P H T B V Ị X Ư Ơ N G Ứ R Q A
T Y T M M Q C I N Y V S V H Y
R H H Ầ P P Ấ H O H L T A U K
L V G M H O D P V D Q C H N M
```

BỤNG	MIỄN DỊCH
DỊ ỨNG	VIÊM
VI KHUẨN	THẮT LƯNG
LÂY NHIỄM	XƯƠNG
TIM	MẦM BỆNH
CƠ THỂ	PHỔI
MÃN TÍNH	HÔ HẤP
CHỮA BỆNH	SỨC KHỎE
YẾU	HỘI CHỨNG
DI TRUYỀN	TRỊ LIỆU

64 - Aquecimento Global

```
M  B  O  L  Y  A  N  B  M  L  Q  C  B  P  T
D  Ô  Ắ  U  K  D  V  Q  Â  O  H  U  B  H  Ư
B  V  I  C  D  Â  N  U  D  Y  Q  I  C  Á  Ơ
B  M  L  T  C  K  K  Ố  D  V  G  I  O  P  N
I  V  G  T  R  Ự  O  C  I  B  R  I  I  L  G
Q  G  M  V  T  Ư  C  T  R  Y  G  U  Ờ  U  L
D  Ữ  L  I  Ễ  U  Ờ  Ế  C  H  Ú  Ý  V  Ậ  A
H  V  C  Ủ  H  P  H  N  Í  H  C  B  I  T  I
U  K  Q  G  N  Ả  O  H  G  N  Ủ  H  K  Q  K
N  Ă  N  G  L  Ư  Ợ  N  G  H  Ậ  U  Q  U  Ả
C  Á  C  T  H  Ế  H  Ệ  K  H  Í  D  Q  T  O
P  H  Á  T  T  R  I  Ể  N  K  H  Í  H  Ậ  U
C  Ô  N  G  N  G  H  I  Ệ  P  R  C  Q  P  Y
N  H  À  K  H  O  A  H  Ọ  C  I  G  Q  G  C
Q  G  Y  T  N  H  I  Ệ  T  Đ  Ộ  N  C  V  C
```

BÂY GIỜ	NĂNG LƯỢNG
MÔI TRƯỜNG	TƯƠNG LAI
CHÚ Ý	KHÍ
BẮC CỰC	CÁC THẾ HỆ
NHÀ KHOA HỌC	CHÍNH PHỦ
KHÍ HẬU	CÔNG NGHIỆP
HẬU QUẢ	QUỐC TẾ
KHỦNG HOẢNG	PHÁP LUẬT
DỮ LIỆU	DÂN
PHÁT TRIỂN	NHIỆT ĐỘ

65 - Aviões

```
I  G  C  M  O  P  T  O  Í  O  K  M  R  T  O
M  N  D  M  A  B  N  T  H  Ờ  I  T  I  Ế  T
K  Ô  O  A  C  Ộ  Đ  P  K  P  Q  M  V  H  P
I  C  H  D  U  B  D  M  G  N  Ớ  Ư  H  Ạ  H
V  I  Á  I  Ề  Ổ  N  D  N  I  P  G  C  X  I
T  H  L  N  I  Đ  Ạ  P  Ô  Q  M  N  Á  U  H
Đ  P  A  K  H  M  O  M  H  T  Ạ  Ự  H  Ố  À
V  Ộ  L  C  C  Q  L  Y  K  D  O  D  K  N  N
M  L  N  O  T  V  U  Ị  O  R  D  Y  H  G  H
T  B  P  G  P  M  Ễ  Ạ  C  M  B  Â  N  P  Đ
P  L  L  N  C  G  I  T  T  H  K  X  À  B  O
B  Ó  N  G  A  Ơ  H  B  M  U  S  L  H  N  À
A  P  N  H  I  Ê  N  L  I  Ễ  U  Ử  R  I  N
P  V  K  T  T  B  Ầ  U  T  R  Ờ  I  R  D  K
U  N  O  K  I  N  L  I  G  T  Q  I  O  D  C
```

ĐỘ CAO
CHIỀU CAO
KHÔNG KHÍ
ĐỖ BỘ
BÓNG
BẦU TRỜI
NHIÊN LIỆU
XÂY DỰNG
HẠ XUỐNG
HƯỚNG

CÁNH QUẠT
HYDRO
LỊCH SỬ
ĐỘNG CƠ
HÀNH KHÁCH
PHI CÔNG
THỜI TIẾT
PHI HÀNH ĐOÀN
NHIỄU LOẠN

66 - Tipos de Cabelo

```
Q  H  T  S  A  U  A  G  L  T  U  T  K  H  Ô
O  Y  H  L  Á  V  D  G  B  D  I  Ó  H  M  T
T  O  A  R  R  N  Ẽ  B  U  G  N  C  Ạ  B  Y
M  A  H  U  H  H  G  I  U  D  C  V  L  Q  P
U  Q  O  C  V  R  G  B  D  M  I  À  D  A  Đ
M  À  U  N  Â  U  D  A  Ó  V  B  N  H  R  E
T  R  Ắ  N  G  I  Y  G  D  N  Ắ  G  N  M  N
C  M  L  C  M  C  U  O  Y  V  G  H  Ạ  À  H
Q  H  A  X  B  R  A  I  D  S  K  U  M  U  N
H  N  Q  C  O  K  P  O  U  H  I  M  E  X  V
H  L  U  K  U  Ă  M  Ỏ  N  G  R  V  Ỏ  Á  G
C  Y  À  D  L  D  N  O  M  M  T  C  H  M  D
A  A  M  D  G  P  C  Y  H  D  H  P  K  D  G
A  G  T  Ề  D  M  V  R  K  R  V  G  G  C  K
G  T  L  Y  M  M  U  C  B  G  L  T  B  B  B
```

TRẮNG	TÓC VÀNG
SÁNG BÓNG	DÀI
CURLS	MÀU NÂU
HÓI	BẠC
MÀU XÁM	ĐEN
MÀU	KHỎE MẠNH
NGẮN	KHÔ
XOĂN	MỀM
MỎNG	BỆN
DÀY	BRAIDS

67 - Criatividade

```
R  V  G  R  O  A  D  B  S  R  P  K  C  I  Y
U  B  C  O  O  P  T  I  N  Á  Õ  I  L  R  K
I  H  V  D  A  P  T  Ể  R  Q  N  R  H  I  D
S  Ứ  C  S  Ố  N  G  U  V  U  R  G  À  L  R
N  C  A  U  O  T  Á  H  P  Ự  T  T  T  N  H
C  Ả  M  X  Ú  C  K  I  M  K  C  R  T  Ạ  G
K  D  T  H  G  K  B  Ệ  N  Ỹ  Ả  Ự  Ầ  G  O
C  Ư  Ờ  N  G  Đ  Ộ  N  G  N  M  C  M  D  Q
C  H  G  Q  N  O  L  T  H  Ă  G  G  N  O  Y
Ả  U  C  K  Ợ  I  K  K  Ệ  N  I  I  H  N  Ả
M  K  A  G  Ư  M  U  Y  T  G  Á  Á  Ì  R  H
H  T  I  M  T  L  O  Q  H  R  C  C  N  D  U
Ứ  B  K  A  N  Ỏ  U  R  U  C  I  R  T  L  B
N  K  T  K  Ấ  N  N  P  Ậ  H  Ị  C  L  U  R
G  G  R  B  P  G  V  H  T  T  U  K  D  U  T
```

NGHỆ THUẬT   ẤN TƯỢNG
RÕ RÀNG   CẢM HỨNG
KỊCH   CƯỜNG ĐỘ
CẢM XÚC   TRỰC GIÁC
TỰ PHÁT   SÁNG TẠO
BIỂU HIỆN   CẢM GIÁC
LỎNG   TẦM NHÌN
KỸ NĂNG   SỨC SỐNG
ẢNH

68 - Dias e Meses

```
R  A  P  T  P  T  Ậ  H  N  Ủ  H  C  T  T  T
B  D  B  Y  H  Y  H  D  Y  T  C  U  H  H  H
A  I  H  K  V  Á  G  Ứ  A  V  Ị  A  Á  Á  Á
T  H  Ứ  B  A  Y  N  Y  B  K  L  T  N  N  N
M  K  V  C  D  O  Á  G  M  Ả  R  H  G  G  G
L  T  I  A  H  Ứ  H  T  B  C  Y  Á  H  S  1
T  Q  Ờ  N  N  P  T  R  Ư  Ả  T  N  A  Á  2
U  U  Ư  9  G  N  Á  H  T  O  Y  G  I  U  I
Ằ  Á  M  N  N  À  P  I  Ứ  T  Q  M  Q  K  I
N  S  G  Ă  K  I  Y  M  H  V  B  Ộ  I  Y  M
K  Ứ  N  M  N  N  R  T  T  A  R  T  U  K  R
T  H  Á  N  G  T  Ư  T  H  Ứ  N  Ă  M  K  K
A  T  H  L  G  B  U  R  D  O  O  G  K  V  A
M  U  T  P  H  H  I  P  O  P  M  G  Y  B  C
M  I  P  L  V  I  Q  V  P  G  L  O  M  L  A
```

THÁNG TƯ	THÁNG
NGÀY	THÁNG MƯỜI
NĂM	THỨ TƯ
LỊCH	THỨ NĂM
THÁNG 12	THỨ BẢY
CHỦ NHẬT	THỨ HAI
THÁNG HAI	TUẦN
THÁNG MỘT	THÁNG 9
THÁNG BẢY	THỨ SÁU
THÁNG SÁU	THỨ BA

69 - Saúde e Bem Estar #2

```
C M D Q V T V I T A M I N K C
Â T Á C R I Ồ H C Ụ H P T H B
N Y G U V Ê V L N N L H M Ỏ Ễ
N V C Ọ H U Ẫ H P I Ả I G E N
Ặ P N Q N H K N T K Q G B M H
N L D Y P Ó B A O X A L M Ạ V
G L O I K A Y G Ă G P B O N I
D V Ệ S I N H V C N N L Y H Ễ
Ị H O C K U N U Q Ạ K A D T N
Ứ T L C N R Ẽ G K R B I A Q A
N K U U P L B C Ơ T H Ể Ê V C
G G T Y G N Ù R T M Ễ I H N A
C A L O P O G V R Â C M G L G
N Ă N G L Ư Ợ N G T K P Q C A
V O D I T R U Y Ề N K K U Y K
```

DỊ ỨNG   VỆ SINH
GIẢI PHẪU HỌC   BỆNH VIỆN
NGON   TÂM TRẠNG
CALO   NHIỄM TRÙNG
CƠ THỂ   XOA BÓP
ĂN KIÊNG   CÂN NẶNG
TIÊU HÓA   PHỤC HỒI
BỆNH   MÁU
NĂNG LƯỢNG   KHỎE MẠNH
DI TRUYỀN   VITAMIN

70 - Geografia

```
G  L  K  H  U  V  Ự  C  V  Đ  U  C  Y  K  H
T  H  Ế  G  I  Ớ  I  A  Ã  Ộ  K  B  U  I  Ư
P  Q  O  N  C  P  B  V  Đ  C  I  I  N  N  Ớ
R  L  O  C  T  M  A  K  Ộ  A  D  L  O  H  N
B  Á  N  C  Ầ  U  D  L  D  O  R  A  I  T  G
A  T  L  A  S  P  C  Ụ  G  Ả  I  O  R  U  T
T  G  V  D  G  T  H  C  Q  Đ  K  P  T  Y  Â
C  V  V  V  G  N  U  Đ  Q  Q  Y  T  P  Ế  Y
M  A  N  A  Í  H  P  Ị  A  N  M  H  B  N  L
N  Ú  I  D  I  R  P  A  M  N  Q  À  Ả  Ể  Ã
O  H  U  G  N  Ơ  Ư  D  I  Ạ  Đ  N  N  I  N
A  L  M  N  C  T  B  K  A  T  N  H  Đ  B  H
L  K  D  Ô  G  Ố  P  V  B  Ắ  C  P  Ồ  T  T
B  K  O  S  I  G  U  I  I  R  I  H  L  L  H
T  N  B  T  N  V  O  Q  D  U  A  Ố  I  C  Ổ
```

ĐỘ CAO	NÚI
ATLAS	THẾ GIỚI
THÀNH PHỐ	BẮC
LỤC ĐỊA	ĐẠI DƯƠNG
BÁN CẦU	HƯỚNG TÂY
ĐẢO	QUỐC GIA
VĨ ĐỘ	KHU VỰC
BẢN ĐỒ	SÔNG
BIỂN	PHÍA NAM
KINH TUYẾN	LÃNH THỔ

71 - Antártica

```
M  C  M  T  M  B  N  R  T  H  Ă  M  D  Ò  K
U  H  Ô  I  Ô  Ă  C  Q  O  C  D  L  M  Đ  H
G  I  I  K  N  N  C  K  K  C  U  I  U  Ả  O
S  M  T  H  Đ  G  C  H  I  M  K  P  C  O  Á
Ô  C  R  B  Ị  I  Ọ  T  O  A  M  Y  U  Ư  N
N  Á  Ư  D  A  G  H  U  V  Q  A  M  V  R  G
G  N  Ờ  I  L  B  A  I  Á  K  B  K  B  C  S
B  H  N  R  Ý  I  O  B  C  Q  M  G  G  B  Ả
Ă  C  G  O  Q  H  H  N  Ì  H  A  Ị  Đ  P  N
N  Ụ  U  H  N  O  K  A  M  P  Q  N  Ư  Ớ  C
G  T  B  H  I  Ả  V  Ị  N  H  C  Ồ  A  H  L
N  H  I  Ệ  T  Đ  Ộ  Đ  O  P  A  T  H  H  P
K  T  I  O  L  N  O  C  M  G  K  O  Q  A  Y
A  C  B  P  R  Á  K  Ụ  T  L  B  Ả  A  L  A
O  V  L  C  G  B  M  L  I  B  O  B  O  K  B
```

MÔI TRƯỜNG	MÔN ĐỊA LÝ
NƯỚC	ĐẢO
VỊNH	DI CƯ
CÁ VOI	KHOÁNG SẢN
KHOA HỌC	CHIM
BẢO TỒN	BÁN ĐẢO
LỤC ĐỊA	CHIM CÁNH CỤT
THĂM DÒ	ROCKY
SÔNG BĂNG	NHIỆT ĐỘ
BĂNG	ĐỊA HÌNH

72 - Flores

```
P  L  U  M  E  R  I  A  I  C  V  M  P  B  L
H  O  I  N  I  P  C  T  H  Ổ  G  A  M  Y  V
A  O  H  H  N  Á  C  O  L  B  N  G  M  Y  M
D  D  A  O  H  Ó  B  T  N  A  Ơ  N  N  Y  N
H  Â  V  O  G  Y  G  Ồ  O  L  Ư  O  Ơ  M  È
V  D  M  Q  Ả  B  N  L  C  Á  D  L  Đ  A  K
V  G  I  B  B  I  Ồ  U  I  Ô  G  I  U  N  A
T  A  Q  G  Ụ  U  H  K  K  O  N  A  Ẫ  A  O
P  O  P  P  Y  T  A  Ư  O  B  Ớ  G  M  L  L
P  Q  L  K  L  A  O  V  Ơ  I  Ư  N  A  G  A
D  G  R  K  L  R  H  O  V  N  H  G  O  N  O
A  D  I  A  I  N  E  D  R  A  G  I  H  O  H
I  T  Ử  Đ  I  N  H  H  Ư  Ơ  N  G  Y  H  N
S  L  Ờ  I  K  H  U  Y  Ê  N  D  M  Q  P  R
Y  Y  A  O  D  J  A  S  M  I  N  E  R  H  G
```

BÓ HOA   DAISY
BỒ CÔNG ANH   PHONG LAN
GARDENIA   POPPY
HƯỚNG DƯƠNG   HOA MẪU ĐƠN
DÂM BỤT   CÁNH HOA
JASMINE   PLUMERIA
HOA OẢI HƯƠNG   HOA HỒNG
TỬ ĐINH HƯƠNG   CỎ BA LÁ
HOA LOA KÈN   LỜI KHUYÊN
MAGNOLIA

73 - Fazenda #1

```
Y  L  P  C  C  Y  N  P  A  U  M  N  P  C  G
O  M  V  O  O  À  R  G  N  À  H  G  H  M  P
V  P  Q  N  N  Ợ  L  Q  A  B  R  Ự  Â  G  B
Y  M  O  M  Q  U  I  D  A  C  N  A  N  L  M
E  G  K  È  U  A  P  D  Ê  H  K  D  B  H  A
K  V  À  O  Ạ  R  N  G  B  B  P  U  Ó  B  P
N  Ô  N  G  N  G  H  I  Ệ  P  Y  G  N  G  C
O  L  G  P  D  C  T  U  M  Ậ  T  O  N  G  Q
D  O  I  Q  T  K  Q  P  A  K  G  Ạ  A  Y  D
A  U  T  M  A  Đ  U  C  V  C  B  G  O  C  U
C  O  N  O  N  G  À  N  U  Ó  N  B  K  Y  G
V  M  D  G  V  G  Y  N  Â  H  C  P  Ắ  B  B
P  T  R  Ư  Ờ  N  G  R  L  C  I  M  K  P  L
N  Ư  Ớ  C  B  I  K  U  C  R  D  B  B  Y  P
Q  C  Ỏ  K  H  Ô  D  M  V  D  D  Y  Ò  L  N
```

CON ONG	HÀNG RÀO
NÔNG NGHIỆP	CON QUẠ
GẠO	CỎ KHÔ
NƯỚC	PHÂN BÓN
BẮP CHÂN	GÀ
DONKEY	CON MÈO
DÊ	MẬT ONG
TRƯỜNG	LỢN
NGỰA	ĐÀN
CHÓ	BÒ

74 - Livros

```
T  Ế  Y  U  H  T  U  Ể  I  T  G  T  H  Ơ  B
Ạ  R  P  D  V  D  H  I  R  N  P  H  U  C  Ộ
O  N  A  I  U  Ă  M  L  V  N  N  K  B  Ó  S
L  G  A  N  Y  K  N  V  Ử  S  H  C  Ị  L  Ư
K  Ư  I  O  G  K  K  H  Q  N  G  Â  M  I  U
T  Ờ  Q  Ạ  L  G  B  K  Ọ  G  O  R  H  Ê  T
Á  I  K  T  N  Ễ  Y  U  H  C  U  Â  C  N  Ậ
C  Đ  N  G  Ừ  B  À  I  T  H  Ơ  G  Ị  Q  P
G  Ọ  P  N  A  M  L  À  Ậ  N  I  Y  K  U  Q
I  C  L  Á  C  O  L  D  V  Ả  H  H  I  A  M
Ả  K  C  S  R  T  C  O  N  C  U  Y  B  N  Y
G  P  M  C  D  H  O  É  Â  I  U  N  L  H  G
A  Q  U  A  N  U  K  K  H  Ố  P  N  P  C  L
G  R  Q  Y  B  G  G  L  N  B  C  Q  U  K  C
T  N  Y  U  B  Y  H  H  V  I  Ế  T  D  K  K
```

TÁC GIẢ	VĂN HỌC
BỘ SƯU TẬP	TỪ
BỐI CẢNH	TRANG
KÉO DÀI	NHÂN VẬT
VIẾT	BÀI THƠ
CÂU CHUYỆN	THƠ
LỊCH SỬ	CÓ LIÊN QUAN
NGÂM	TIỂU THUYẾT
SÁNG TẠO	LOẠT
NGƯỜI ĐỌC	BI KỊCH

75 - Chocolate

```
Q  V  Q  O  G  D  P  R  H  K  C  O  T  G  O
C  Ấ  T  L  Ư  Ợ  N  G  U  Ứ  A  B  Ộ  T
P  O  B  G  A  H  N  N  O  G  H  C  L  N  B
N  G  Ọ  T  T  C  N  T  C  U  T  A  C  O  H
T  B  L  M  N  H  Q  G  C  L  G  C  A  G  C
V  H  D  U  Q  O  Đ  Ắ  N  G  N  D  R  N  H
K  U  À  H  M  H  M  U  I  A  Ô  U  A  B  R
O  Ỳ  I  N  Ơ  B  G  D  Y  O  C  K  M  R  N
L  O  L  B  H  H  Ư  Ơ  N  G  V  Ị  E  Q  K
R  P  U  Ạ  T  P  C  B  D  H  K  T  L  V  G
Đ  Ư  Ờ  N  G  U  H  B  N  G  U  V  L  C  V
T  P  Q  H  P  P  I  Ằ  I  L  U  Ị  R  K  M
Y  Ê  U  T  H  Í  C  H  N  H  P  N  U  G  D
G  Q  Đ  Ậ  U  P  H  Ộ  N  G  V  O  Q  Ừ
A  N  T  I  O  X  I  D  A  N  T  L  K  R  A
```

ĐƯỜNG   NGỌT
ĐẮNG   KỲ LẠ
ĐẬU PHỘNG   YÊU THÍCH
ANTIOXIDANT   VỊ
THƠM   THÀNH PHẦN
CACAO   BỘT
CALO   CHẤT LƯỢNG
CARAMEL   CÔNG THỨC
DỪA   HƯƠNG VỊ
NGON

76 - Governo

```
P  Á  H  P  Ư  T  Ậ  U  L  M  Q  V  Q  G  O
N  H  L  U  D  T  C  T  C  O  A  L  U  L  L
C  R  Á  D  M  Ự  I  P  Đ  N  D  Ã  Ố  O  I
Y  H  A  T  G  D  Y  M  Ộ  U  Â  N  C  U  U
H  M  Í  D  B  O  Q  G  C  M  N  H  T  M  A
T  T  Q  N  D  I  O  M  L  E  C  Đ  Ị  U  K
B  B  T  K  H  R  Ể  I  Ậ  N  H  Ạ  C  O  H
L  Ì  O  P  O  T  O  U  P  T  Ủ  O  H  K  H
A  Q  N  Á  T  P  R  T  I  Ể  U  B  A  N  G
O  Q  D  H  Q  M  C  Ị  V  M  A  G  V  M  L
D  A  B  P  Đ  T  H  Ả  O  L  U  Ậ  N  P  I
Â  O  O  N  I  Ả  Q  T  K  Q  L  Q  U  Ậ  N
N  B  Y  Ế  N  P  N  A  H  Ò  A  B  Ì  N  H
S  M  N  I  P  A  I  G  C  Ố  U  Q  Y  Q  R
Ự  A  U  H  S  Ự  C  Ô  N  G  B  Ằ  N  G  R
```

QUỐC TỊCH	TƯ PHÁP
DÂN SỰ	SỰ CÔNG BẰNG
HIẾN PHÁP	LUẬT
DÂN CHỦ	TỰ DO
PHÁT BIỂU	LÃNH ĐẠO
THẢO LUẬN	MONUMENT
QUẬN	QUỐC GIA
TIỂU BANG	HÒA BÌNH
BÌNH ĐẲNG	CHÍNH TRỊ
ĐỘC LẬP	

77 - Jardinagem

```
U  Ậ  H  Í  H  K  G  M  T  C  C  P  Q  M  Y
N  V  M  Ạ  I  L  O  Ù  M  H  K  M  B  D  G
U  Y  H  L  T  D  R  A  P  R  Ự  B  H  G  D
O  U  A  Ỳ  G  G  H  O  A  T  I  C  Ớ  Ư  N
O  O  V  K  Y  A  I  V  P  Đ  H  O  V  P  G
R  T  Ò  O  H  U  À  Ố  T  Ấ  A  P  T  Ậ  L
N  K  I  P  H  U  O  V  N  T  Y  Y  H  Ă  T
P  Đ  Ộ  Ẩ  M  G  L  Y  Â  G  A  P  Ẻ  N  G
H  C  V  A  N  R  Q  H  H  H  B  U  V  Đ  H
V  Y  G  G  Ẩ  Y  B  Y  P  U  B  Y  Q  Ư  N
O  L  M  G  B  Ó  H  O  A  L  Ì  Y  N  Ợ  A
Q  R  Á  U  I  Y  H  D  Y  M  N  R  Y  C  L
N  A  M  R  Ụ  K  Q  Q  B  L  H  C  N  P  C
C  O  T  U  B  K  N  C  T  A  P  U  N  K  B
Y  K  C  V  C  H  Y  D  N  A  L  A  G  B  G
```

NƯỚC	LÁ
THỰC VẬT	VÒI
BÓ HOA	THẺ
KHÍ HẬU	BÌNH
ĂN ĐƯỢC	MÙA
PHÂN	HẠT GIỐNG
LOÀI	ĐẤT
KỲ LẠ	BỤI BẨN
HOA	ĐỘ ẨM

78 - Profissões #2

```
T T U R U I V Ử Ư B H R I Y O
D R A I G Ị R T H N Í H C N T
T M I N B N V M T G G Ạ O H I
T B G Ế H P G Á Ủ I O I C À V
Q B H O T À O H H Á Q Q Ọ N H
Y I N N I G B T T O L N H G B
L C Ả B C V I Á C V K Y A Ô C
T B P P Y V K A O I Q P Ó N U
C Á Ế H M K Ỹ S Ư Ê N O H N O
B C I I M A T D Ĩ N O N À G P
U S H C B Q O B Ĩ S A Ọ H Ữ K
R Ĩ N Ô T Y K T O H A I N Y N
M K O N Ả B T Ấ U X À H N H Y
P T K G N Ô N G D Â N O N V Y
P H I H À N H G I A Y P N A G
```

NÔNG DÂN	HOẠ
PHI HÀNH GIA	NHẢ BÁO
THỦ THƯ	NHÀ NGÔN NGỮ
NHA SĨ	BÁC SĨ
THÁM TỬ	PHI CÔNG
NHÀ XUẤT BẢN	HỌA SĨ
KỸ SƯ	CHÍNH TRỊ GIA
TRIẾT GIA	GIÁO VIÊN
NHIẾP ẢNH GIA	NHÀ HÓA HỌC

79 - Café

```
B U A Q U C Đ E N G N A R D R
Ộ X A Y B M B I B I C Ớ Ư N B
L Đ Ồ U Ố N G K H Á L Ố K E M
Ọ K V D B H M U U Q N I C H Ơ
C G D E L C T G L Q M P V Ư H
O N Y N C H Ấ T L Ỏ N G Y Ơ T
A O D I S Ữ A B C N V N G N P
Y K Q E G N C I U O C Á N G Q
B R M F I H K B A Y K S U V D
O G U F K A G Y C L U I D Ị R
V C Ố A Đ Ư Ờ N G I A Ổ O R H
H P D C Q T L R C G L U P I Q
R Q N T L D L C T H K B R Y H
D N V B L R P K L H T R P R Q
L L A T A Q V T C N Đ Ắ N G C
```

ĐƯỜNG	BỘ LỌC
ĐẮNG	SỮA
THƠM	CHẤT LỎNG
RANG	BUỔI SÁNG
NƯỚC	XAY
ĐỒ UỐNG	GỐC
CAFFEINE	GIÁ
CỐC	ĐEN
KEM	HƯƠNG VỊ

80 - Negócios

```
C D N T Đ Ầ U T Ư G V V D T V
Y H Ề G H N Í H C I À T T P Ă
P I I G H U K I N H T Ế T L N
C D T P M Ề Ế T H U N H Ậ P P
K U A Ó H G N À H R I P K O H
I L C O A Í Â G K I D I C R Ò
N Ê I V N Â H N H T C B C N N
L G I L D D N K A I M Á C L G
Ợ I M A G C Ủ P N H Ễ N A Y D
I Ả U C N O H P A C I P M R L
N M D Ô P G C T I Ễ T N Ề I T
H G O N C T D L O Q A G T H Y
U I C G V N U V I I Ử K M D O
Ậ Á O T N G Â N S Á C H U P K
N R O Y Á M À H N T K A T L D
```

NGHỀ NGHIỆP	TÀI CHÍNH
CHI PHÍ	THUẾ
GIẢM GIÁ	ĐẦU TƯ
TIỀN	CỬA TIỆM
KINH TẾ	LỢI NHUẬN
NHÂN VIÊN	HÀNG HÓA
CHỦ NHÂN	TIỀN TỆ
CÔNG TY	NGÂN SÁCH
VĂN PHÒNG	THU NHẬP
NHÀ MÁY	BÁN

81 - Fazenda #2

```
P  I  Ợ  L  Y  Ử  H  T  H  Ể  N  T  B  G  T
H  Y  Q  B  A  Q  G  D  M  R  R  L  O  Q  B
K  O  N  N  T  S  Ữ  A  V  Á  K  O  L  H  I
M  G  D  N  Ị  R  C  Y  B  D  Y  C  P  G  G
T  B  M  Ô  V  U  Á  I  B  D  A  K  D  P  V
M  N  D  N  U  D  H  I  Y  N  G  Ô  É  O  Ự
B  H  R  G  N  O  Ổ  T  C  Y  K  R  U  O  A
N  Y  A  D  B  V  M  N  D  Â  Ì  M  A  Ú  L
Ỏ  I  M  Â  N  G  Ỗ  N  G  R  Y  A  L  T  Ú
C  A  M  N  A  G  V  Q  H  H  D  N  B  A  A
G  Ừ  N  T  N  A  N  N  C  H  Í  N  Q  Q  M
N  C  U  D  Y  T  T  K  T  I  C  N  M  N  Ạ
Ồ  C  A  Q  Y  B  U  L  P  R  U  N  N  V  C
Đ  Q  R  A  T  O  V  L  T  N  A  L  P  H  H
R  B  T  T  P  Đ  Ộ  N  G  V  Ậ  T  V  B  U
```

NÔNG DÂN	CHÍN
ĐỘNG VẬT	NGÔ
VỰA	CỪU
LÚA MẠCH	VỊT
TỔ ONG	THẺ
TRÁI CÂY	ĐỒNG CỎ
NGỖNG	MÁY KÉO
THỦY LỢI	LÚA MÌ
SỮA	RAU

82 - Jardim

```
T W Y Y V T Ế C U D V G O D U
Ấ E I M ỏ C H P A Q M Ò A O H
M E G M B Â G ẻ R T C T I R P
B D K K V Y G N ẻ X M Y Y B A
Ạ S O T Y G N ợ Ư H T N Â S P
T V U A L H Ă P U T Ấ Ê C N L
G Õ R N Y B B N R V Đ I I U D
U N T D C O R T B G P H Ụ O I
C G R Q V G N L G K T G B Y V
Y I M U Ư Y C À O T U O K R R
B D K U Ờ V D P Y M V D O D Y
O À R G N À H I H B R O V M G
T R V O U D O M Q Y Y H G I L
T V D C M V H T R U L I T P B
I D O K V O Y K N T A Q L A T
```

CÀO	AO
BỤI CÂY	VÕNG
CÂY	VÒI
BĂNG GHẾ	XẺNG
HÀNG RÀO	THẺ
WEEDS	ĐẤT
HOA	SÂN THƯỢNG
GA-RA	TẤM BẠT
CỎ	HIÊN
VƯỜN	

83 - Política

```
C  B  Ì  N  H  Đ  Ẳ  N  G  Ủ  Ứ  C  C  H  H
Ợ  O  N  N  T  D  I  P  Y  N  H  H  B  Ộ
Ư  L  N  I  L  G  A  G  V  B  G  I  Í  O  I
L  Q  Y  R  K  L  N  N  A  A  C  Ế  N  K  Đ
N  Ế  I  K  Ý  Y  U  Ế  I  N  Ử  N  H  C  Ồ
Ế  H  C  A  U  P  L  I  G  U  V  T  T  H  N
I  C  À  D  O  P  G  B  C  G  I  H  R  Í  G
H  Ị  N  H  Đ  T  V  Ổ  Ố  R  Ê  Ắ  Ị  N  U
C  D  C  G  O  Ạ  T  H  U  Ế  N  N  G  H  I
Y  N  P  B  D  Ạ  O  P  Q  K  L  G  I  P  K
L  Ế  K  V  Ự  V  T  Đ  K  H  L  N  A  H  G
N  I  O  N  T  A  K  Đ  Ứ  P  P  T  Q  Ủ  Q
R  H  P  A  M  Q  Y  R  Ộ  C  Y  H  H  B  U
H  C  Á  S  H  N  Í  H  C  N  C  P  R  H  O
S  Ự  L  Ự  A  C  H  Ọ  N  T  G  K  M  N  U
```

NHÀ HOẠT ĐỘNG   BÌNH ĐẲNG
CHIẾN DỊCH   THUẾ
ỨNG CỬ VIÊN   TỰ DO
ỦY BAN   QUỐC GIA
HỘI ĐỒNG   Ý KIẾN
SỰ LỰA CHỌN   CHÍNH SÁCH
CHIẾN LƯỢC   CHÍNH TRỊ GIA
ĐẠO ĐỨC   PHỔ BIẾN
CHÍNH PHỦ   CHIẾN THẮNG

84 - Oceano

```
L O K R T H A C Ộ U T H C Ạ B
D Ư T Ù Ả Ừ G N Á C Q L Á T A
A N Ơ A O N Ề Y U H T N V Ô P
Ứ I B N Ể I B T Ọ B E M O M A
S A N H Ô T R Ả L Ạ I O I C N
B Ã O T Á P T H Ủ Y T R I Ề U
R H À U P V Q M N R K V K O R
U V Y U Ậ A V B M H D G T H G
A V I P M U Ố I C C L K B G P
A B G D Á C C V C Á T V P C G
V C C P C Q Q A K Y C U D K V
Y L M P V L C B T P R Q O R K
O U T Y U Q N U I L U Y B Y U
T K G L L L A D C V Q P T I K
H P R H A D I A Q V D O P G O
```

TẢO   THỦY TRIỀU
CÁ NGỪ   SỨA
CÁ VOI   HÀU
THUYỀN   CÁ
TÔM   BẠCH TUỘC
CUA   TRẢ LẠI
SAN HÔ   MUỐI
LƯƠN   RÙA
BỌT BIỂN   BÃO TÁP
CÁ HEO   CÁ MẬP

85 - Profissões #1

```
N  J  E  W  E  L  E  R  N  T  I  V  L  P  Q
Ê  H  T  L  N  Q  M  Q  G  H  V  N  U  L  A
I  K  À  H  T  A  M  P  Â  Ủ  A  H  Ậ  B  T
V  M  Y  K  Ợ  P  B  I  N  Y  P  À  T  Á  N
P  Q  D  T  H  M  C  I  H  T  L  Đ  S  C  D
Ậ  P  A  D  Á  O  A  D  À  H  U  Ị  Ư  S  N
T  O  Ỏ  C  U  N  A  Y  N  Ủ  M  A  R  Ĩ  N
N  A  H  L  Y  D  U  H  G  I  B  C  M  T  N
Ê  N  U  T  G  G  M  M  Ọ  P  E  H  D  H  L
I  D  Ứ  Ĩ  N  L  Q  P  P  C  R  Ấ  U  Ú  Ự
B  U  C  S  Đ  Ạ  I  S  Ứ  O  P  T  P  Y  C
N  G  H  Ệ  S  Ĩ  P  I  A  N  O  L  R  P  S
C  N  N  H  N  H  Ạ  C  S  Ĩ  I  L  M  L  Ĩ
Y  Y  Í  G  N  Ô  C  Ũ  V  B  Á  C  S  Ĩ  P
D  V  L  N  Ă  S  Ợ  H  T  V  O  C  U  L  I
```

LUẬT SƯ   BIÊN TẬP VIÊN
THỢ MAY   ĐẠI SỨ
NGHỆ SĨ   PLUMBER
LỰC SĨ   Y TÁ
NGÂN HÀNG   NHÀ ĐỊA CHẤT
LÍNH CỨU HỎA   JEWELER
THỢ SĂN   THỦY THỦ
NHÀ KHOA HỌC   NHẠC SĨ
VŨ CÔNG   NGHỆ SĨ PIANO
BÁC SĨ   BÁC SĨ THÚ Y

86 - Força e Gravidade

```
T  Ừ  T  Í  N  H  N  I  T  H  N  À  H  M  C
C  Q  T  H  Ờ  I  G  I  A  N  C  N  K  B  Ư
K  Q  U  T  L  I  M  K  C  Y  M  Ă  H  L  Ờ
U  L  U  Ỹ  Y  I  H  A  H  H  C  N  Á  N  N
K  B  Y  R  Đ  P  T  S  S  C  Ụ  G  M  G  G
Ộ  Đ  C  Ố  T  Ạ  I  Ứ  K  Á  R  Đ  P  M  Đ
Y  L  Ơ  V  G  M  O  C  H  T  T  Ộ  H  Ở  Ộ
L  D  K  Q  Ậ  Â  R  É  O  Y  Ấ  N  Á  R  N
K  V  H  I  U  T  T  P  Ả  V  H  G  U  Ộ  G
T  L  Í  Q  V  G  L  O  N  M  C  N  O  N  A
H  U  V  C  K  N  P  Ý  G  T  H  Ộ  G  G  A
H  L  R  I  H  U  H  D  C  Y  N  Đ  O  T  A
K  V  O  T  D  R  Ổ  D  Á  M  Í  Ử  P  N  V
K  C  V  Y  O  T  P  D  C  R  T  C  A  V  L
C  Â  N  N  Ặ  N  G  R  H  R  V  U  I  G  T
```

MA SÁT
TRUNG TÂM
KHÁM PHÁ
NĂNG ĐỘNG
KHOẢNG CÁCH
TRỤC
MỞ RỘNG
VẬT LÝ
TỪ TÍNH
CƯỜNG ĐỘ

CƠ KHÍ
CỬ ĐỘNG
QUỸ ĐẠO
CÂN NẶNG
HÀNH TINH
SỨC ÉP
TÍNH CHẤT
TỐC ĐỘ
THỜI GIAN
PHỔ

87 - Ciência

```
T I Q N D A V Q V R U L A D B
H D Q P T Ó M U Ậ L U Y I D Q
I Ế T C Ự H T A T D R N U H R
Ê H R Ọ M N Ạ N L K I A Q O A
N Ó Ọ H U Ế H S Ý D Ữ L I Ệ U
N A N A D I I Á I V A R M C Ậ
H C G O C T B T G U M L G Y H
I H L H P Â A M V Q Ẽ K G D Í
Ê Ấ Ự K U O Y P M N I C M C H
N T C À Y A Y H H V H U N T K
H C Ạ H T A Ó H C Â G V M V I
L Y Q N R T N Ả S G N Á O H K
P H Ư Ơ N G P H Á P Í T R V V
N G U Y Ê N T Ử I M H T Ử C M
Q P G I Ả T H U Y Ế T M C L O
```

NGUYÊN TỬ   GIẢ THUYẾT
NHÀ KHOA HỌC   PHƯƠNG PHÁP
KHÍ HẬU   KHOÁNG SẢN
DỮ LIỆU   PHÂN TỬ
TIẾN HÓA   THIÊN NHIÊN
THÍ NGHIỆM   QUAN SÁT
THỰC TẾ   HẠT
VẬT LÝ   CÂY
HÓA THẠCH   HÓA CHẤT
TRỌNG LỰC

88 - Comida #1

```
H A Q L V P H K I T L G V Q Y
O G Ế Q H A V V H A R Q Y A Â
M K P U T N L Q T C C À R Ố T
S B G Ả Q Đ Ư Ờ N G H U O H U
Ú L A M N U K G R H N A B R Â
P Y R Ợ C Ủ C Ả I Ú Á N N I D
Đ Ậ U P H Ụ N G Ố N B I G H A
K N Ư Ớ C É P A U G L B L N L
C I H D D U U V M Q M U Ú Q A
H Á G I C A L Y D U Q A A D S
A G N S Ữ A Y D K Ế T R M Y U
K L Y G N N K K A U C C Ạ H T
T Ỏ I C Ừ V G K N N G T C À O
B K I K H P Q U G C L V H N Q
T L H A O Q D H T L K P K H N
```

ĐƯỜNG	RAU BINA
TỎI	SỮA
ĐẬU PHỤNG	CHANH
CÁ NGỪ	HÚNG QUẾ
BÁNH	DÂU TÂY
QUẾ	CỦ CẢI
HÀNH	MUỐI
CÀ RỐT	SALAD
LÚA MẠCH	SÚP
QUẢ MƠ	NƯỚC ÉP

89 - Geometria

```
H D Y L Đ L I M B B I H D C K
V Q Đ N Ý Ư V B A P K I Y H H
R D V Ễ L T Ờ Ò N H L B T I Ố
G Ó C L P O U N C L G T Ề I
L A I Ỷ Ợ Y O H G G H N T U L
H Ọ C T H U Y Ế T C T H Y C Ự
Đ Ư Ờ N G K Í N H Ú O R M Ợ
T H Ẳ N G Đ Ứ N G H T N Ò O N
Đ Ố I X Ứ N G V C K Í G G N G
T S O N G S O N G N N K U O R
T R U N G B Ì N H G H N O K G
M H Q C C Á I G M A Ặ M Ề B
K Í C H T H Ư Ớ C N O Q N C M
U H O H R V M Y M G Á V I O G
B O R Y H N Ì R T G N Ơ Ư H P
```

CHIỀU CAO	KHỐI LƯỢNG
GÓC	TRUNG BÌNH
TÍNH TOÁN	SONG SONG
VÒNG TRÒN	TỶ LỆ
ĐƯỜNG CONG	KHÚC
ĐƯỜNG KÍNH	ĐỐI XỨNG
KÍCH THƯỚC	BỀ MẶT
PHƯƠNG TRÌNH	HỌC THUYẾT
NGANG	TAM GIÁC
HỢP LÝ	THẲNG ĐỨNG

90 - Pássaros

```
A  H  Ể  S  M  I  H  C  G  À  B  H  L  C  G
M  Ò  N  G  B  I  Ể  N  Ô  A  G  O  O  H  I
T  C  V  C  H  Y  R  N  O  N  Y  V  H  I  D
F  R  O  I  H  G  D  I  Ễ  C  G  N  H  M  R
L  A  Ứ  U  L  I  O  B  Ồ  N  Ô  N  G  C  C
A  Y  T  N  R  N  M  Q  O  O  U  H  H  Á  O
M  C  H  A  G  G  P  B  N  M  V  H  H  N  N
I  O  I  C  N  Ỗ  H  I  Ồ  I  A  C  H  H  V
N  N  Ê  U  À  N  R  I  U  C  M  I  H  C  Ẹ
G  Q  N  O  B  G  G  P  Ể  D  Â  V  K  Ụ  T
O  U  N  T  I  P  L  P  I  Q  L  U  R  T  H
U  Ạ  G  G  Ạ  H  A  M  Đ  L  H  Y  B  V  P
I  K  A  R  Đ  N  T  U  À  Y  H  G  L  Ị  L
K  T  T  M  I  H  N  R  Đ  Q  N  B  N  T  H
K  A  R  V  K  L  Q  K  B  R  R  G  G  C  B
```

ĐÀ ĐIỂU	DIỆC
ĐẠI BÀNG	TRỨNG
CÒ	CON VẸT
THIÊN NGA	CHIM SẺ
CON QUẠ	VỊT
CHIM CU	CÔNG
FLAMINGO	BỒ NÔNG
GÀ	CHIM CÁNH CỤT
MÒNG BIỂN	CHIM BỒ CÂU
NGỖNG	TOUCAN

91 - Literatura

```
V  S  C  O  P  Ơ  V  A  Q  Q  Y  L  M  Q  M
I  C  Ự  A  Ơ  H  T  I  À  B  C  K  C  P  Ả
Ễ  T  T  M  V  T  O  H  Ộ  I  T  H  O  Ạ  I
N  Q  Ế  K  I  Ụ  D  N  Ẩ  I  K  T  B  M  G
T  V  Y  P  O  Ê  Ự  T  G  N  Ơ  Ư  T  D  C
Ư  M  U  D  O  I  U  V  H  C  Ị  K  I  B  Á
Ở  V  H  U  M  Y  V  T  K  B  Á  T  K  O  T
N  L  T  G  L  T  U  Ả  N  C  C  Y  L  U
G  P  U  V  S  O  S  Á  N  H  H  I  H  T  V
R  H  Ể  U  U  L  V  N  Ằ  M  L  Ị  Y  D  U
Ý  K  I  Ế  N  G  Q  K  V  A  C  Q  P  O  H
T  Q  T  D  P  H  Ầ  N  K  Ế  T  L  U  Ậ  N
K  L  H  A  I  P  B  Q  T  I  Ể  U  S  Ử  O
G  I  A  I  T  H  O  Ạ  I  N  M  G  I  T  U
P  H  Â  N  T  Í  C  H  C  H  Ủ  Đ  Ề  P  K
```

TƯƠNG TỰ	VIỄN TƯỞNG
PHÂN TÍCH	ẨN DỤ
GIAI THOẠI	Ý KIẾN
TÁC GIẢ	BÀI THƠ
TIỂU SỬ	THƠ
SO SÁNH	VẦN
PHẦN KẾT LUẬN	NHỊP
SỰ MIÊU TẢ	TIỂU THUYẾT
HỘI THOẠI	CHỦ ĐỀ
PHONG CÁCH	BI KỊCH

92 - Química

```
C E N Z Y M E Ộ Đ T Ẽ I H N H
O Â D D V C C L Y Ễ H P O G Y
C A N O I Ố U M H I K H A U D
Q I R N V O D Q Ạ H Ữ U C Ơ R
Q G L Ử Ặ R C Ử T N Ệ I Đ C O
Y Ế U T Ố N I U N O B C C H L
Ô X Y N D O G R H B T C L Ấ C
K G K Â P B Q N Â K I R G T U
I O K H C R K L N I Q V C L O
H K B P Í A R U N Ề V K G Ở C
I P A N B C T P Y M H D D N G
C H Ấ T X Ú C T Á C N D H G I
U R A V D A R O G N D A C A V
Q N Q O U G M V M A H V K C D
M Q R O V N L V U L K A X I T
```

KIỀM	HYDRO
AXIT	ION
NHIỆT	CHẤT LỎNG
CARBON	PHÂN TỬ
CHẤT XÚC TÁC	HẠT NHÂN
CLO	HỮU CƠ
YẾU TỐ	ÔXY
ĐIỆN TỬ	CÂN NẶNG
ENZYME	MUỐI
KHÍ	NHIỆT ĐỘ

93 - Clima

```
N  U  D  A  O  Ã  B  N  Ơ  C  O  G  V  Đ  K
Á  H  A  V  V  U  C  H  P  H  D  I  T  Á  B
H  I  I  Q  M  N  K  I  D  H  L  Ó  M  M  Q
N  Q  Ờ  Ẽ  P  B  L  Ẽ  G  A  C  M  V  M  V
Ạ  H  R  V  T  Á  N  T  Q  V  Ự  Ù  C  Â  T
H  Q  T  R  Q  Đ  H  Đ  P  M  C  A  G  Y  Q
H  G  U  G  Y  C  Ộ  Ớ  L  Ố  C  X  O  Á  Y
B  O  Ằ  D  D  Ớ  Ù  I  T  D  L  U  Y  C  Y
Q  C  B  T  Ớ  Ư  M  Ẩ  S  I  C  R  B  Ầ  K
K  K  U  R  O  N  G  H  U  É  R  H  L  U  K
L  K  Ậ  B  Y  B  N  R  H  Y  T  P  U  V  C
P  O  H  G  Q  B  Ơ  B  Ã  O  T  Á  P  Ồ  N
H  I  Í  Ô  L  V  Ư  V  Q  K  I  K  D  N  A
A  L  H  S  Ấ  M  S  É  T  G  I  Ó  K  G  R
B  K  K  C  K  H  Ô  N  G  K  H  Í  Q  P  H
```

CẦU VỒNG	SÉT
KHÔNG KHÍ	HẠN HÁN
BẦU TRỜI	KHÔ
KHÍ HẬU	NHIỆT ĐỘ
CƠN BÃO	BÃO TÁP
NƯỚC ĐÁ	LỐC XOÁY
GIÓ MÙA	NHIỆT ĐỚI
SƯƠNG MÙ	SẤM SÉT
ĐÁM MÂY	ẨM ƯỚT
CỰC	GIÓ

94 - Tecnologia

```
M  A  R  G  C  A  A  O  P  P  B  C  L  M  K
D  H  Q  M  Ề  M  N  Ầ  H  P  A  P  V  H  Ỹ
B  U  V  I  R  Ú  T  N  M  Á  Y  Ả  N  H  T
G  U  K  P  A  Q  I  U  I  A  C  O  I  N  H
T  M  V  A  P  Ễ  I  Đ  G  N  Ô  H  T  Í  U
Ễ  H  I  N  T  E  R  N  E  T  H  M  P  T  Ậ
Y  N  Ố  Q  P  B  V  H  U  R  M  À  Ậ  Y  T
U  Ứ  C  N  Ê  I  H  G  N  T  A  N  T  Á  S
D  Q  I  R  G  Q  G  O  U  O  A  A  U  M  Ố
H  P  D  R  H  K  O  L  I  C  O  N  T  R  Ỏ
N  C  P  H  V  Q  Ê  B  D  Ữ  L  I  Ễ  U  N
Ì  N  D  P  H  P  I  L  H  H  P  N  R  O  A
R  U  O  V  U  B  Q  K  D  C  G  N  Ả  M  G
T  I  B  K  V  G  K  M  K  A  A  Ộ  G  O  V
O  G  B  L  N  A  B  L  M  M  N  I  U  R  L
```

TẬP TIN	INTERNET
BLOG	THÔNG ĐIỆP
NỘI	TRÌNH DUYỆT
MÁY ẢNH	NGHIÊN CỨU
MÁY TÍNH	AN NINH
CON TRỎ	PHẦN MỀM
DỮ LIỆU	MÀN
KỸ THUẬT SỐ	ẢO
THỐNG KÊ	VI RÚT
CHỮ	

95 - Diplomacia

```
A Q P I M L P L Q A S C T H H
C N Á Ữ G N N Ô G N Ự Ô H Ợ U
N G H Ị Q U Y Ế T N C N Ả P A
Á N P R O Y M Ộ I Ô G O T D
U Ồ I T K H Y U Đ N N D L Á Y
Q Đ Ả H Đ R K V G H G Â U C B
Ứ G I N R Ạ G P N P B N Ậ Ớ Q
S N G Í Ẹ Y O O U A Ẳ Q N Ư O
I Ộ C H C V O Đ X U N O Ấ P U
Ạ C Đ C T P N C Ứ R G Ạ V Ễ P
Đ H C Ạ D N V À Q C I Đ Ố I R
G O O A I G I Ạ O G N N C H O
A O N C B S N R N T V Â B G Y
G A K I I M Ứ C H Í N H P H Ủ
I H O O B L T K L G H N K B V
```

CÔNG DÂN	CHÍNH PHỦ
CỘNG ĐỒNG	NHÂN ĐẠO
XUNG ĐỘT	TOÀN VẸN
CỐ VẤN	SỰ CÔNG BẰNG
HỢP TÁC	NGÔN NGỮ
NGOẠI GIAO	CHÍNH TRỊ
THẢO LUẬN	NGHỊ QUYẾT
ĐẠI SỨ QUÁN	AN NINH
ĐẠI SỨ	GIẢI PHÁP
ĐẠO ĐỨC	HIỆP ƯỚC

96 - Comida # 2

```
O O Q U V Q R M M N N H O B T
S Ữ A C H U A U H C À C K B A
Q U Ả A N H Đ À O A T I S Ô V
D G M M R V U H I K P Ố U C M
T R P D G Q V O Ạ C M U R O R
D G I Ă M B Ô N G N D H B M N
T Á O Q C Ấ Y C C O H C M M L
G Ạ O U Á P N G K K U N H B R
T Q N Ả D A H T R Ứ N G H M G
D N K K I Y Q Ô C Q A A B Â T
L V H I O O H Ì M A Ú L U T N
H K T W U G V Q Í A L Ô C Ô S
Q I V I Q P H Q T N I T A V I
R R G B B A Y H À G A O Y O B
C G H N A X I Ả C G N Ô B N G
```

ATISÔ
HẠNH NHÂN
GẠO
CHUỐI
CÀ TÍM
BÔNG CẢI XANH
QUẢ ANH ĐÀO
SÔ CÔ LA
NẤM
GÀ

SỮA CHUA
QUẢ KIWI
TÁO
TRỨNG
CÁ
GIĂM BÔNG
PHÔ MAI
CÀ CHUA
LÚA MÌ
NHO

97 - Jazz

```
H  O  H  C  B  N  D  T  N  B  Â  M  H  B  Y
R  Ứ  G  L  T  C  I  H  Ổ  U  M  H  Ớ  O  Ê
R  Q  N  A  Ậ  B  Q  À  I  Ổ  N  B  O  I  U
P  C  I  G  U  I  Ũ  N  D  I  H  B  N  C  T
D  À  N  N  H  Ạ  C  H  A  H  Ạ  À  T  C  H
V  Y  G  Q  T  O  Ạ  P  N  Ò  C  I  U  I  Í
T  Q  T  K  Ỹ  L  H  H  H  A  D  H  I  B  C
U  Q  H  D  K  Ể  N  Ầ  D  N  P  Á  R  C  H
T  R  Ố  N  G  H  N  N  D  H  N  T  P  Y  C
A  L  B  U  M  T  Ạ  H  N  Ạ  M  N  Ấ  H  N
N  G  H  Ệ  S  Ĩ  O  Q  N  C  H  H  C  Q  I
Y  I  A  C  R  C  S  P  V  Y  R  Ị  P  M  Q
K  H  U  P  C  L  À  I  R  B  Q  P  A  D  R
H  C  I  Q  Q  P  H  T  À  I  N  Ă  N  G  U
C  H  C  Á  C  G  N  O  H  P  U  G  D  L  L
```

NGHỆ SĨ	YÊU THÍCH
ALBUM	THỂ LOẠI
TRỐNG	HỨNG
BÀI HÁT	ÂM NHẠC
THÀNH PHẦN	MỚI
NHÀ SOẠN NHẠC	DÀN NHẠC
BUỔI HÒA NHẠC	NHỊP
PHONG CÁCH	TÀI NĂNG
NHẤN MẠNH	KỸ THUẬT
NỔI DANH	CŨ

98 - Barcos

```
G H H I Y V U K C O D O Q C U
Đ H Q Q D H C U O A U D P Ồ D
M Ộ B L U H P Y Ủ H T Y Ủ H T
Q B N R B È U G O P H K A P B
R D R G S Ó N G N Ồ U X I V L
D R P U C H Ả I L Ý Y P C C A
C Â N B D Ơ R I B C Ề A M V L
Ộ S Y N I P H À Q V N N E O N
T Ô K T D Ể T H Ủ Y T R I Ề U
B N P G H G N Ơ Ư D I Ạ Đ G I
U G P L H Ừ K A Y A K K M D O
Ồ G B K H L N B Y N D P L A U
M H M A O G K G H K Y T L V O
A Q K B P H I H À N H Đ O À N
Y O Y G V L T L U C L Q B Y N
```

NEO	BIỂN
PHÀ	THỦY TRIỀU
PHAO	THỦY THỦ
KAYAK	CỘT BUỒM
XUỒNG	ĐỘNG CƠ
DÂY THỪNG	HẢI LÝ
DOCK	ĐẠI DƯƠNG
DU THUYỀN	SÓNG
BÈ	SÔNG
HỒ	PHI HÀNH ĐOÀN

99 - Mamíferos

```
R  T  L  I  H  R  K  K  C  B  Ò  Đ  Ự  C  C
B  C  Ạ  D  Ả  B  B  H  A  G  D  I  T  H  Ỏ
H  O  C  H  I  T  K  I  Ỉ  N  V  O  I  C  H
Ư  Y  Đ  Q  L  T  O  U  L  C  G  U  O  I  T
Ơ  O  À  P  Y  V  Q  A  Y  C  H  A  P  N  Q
U  T  B  P  C  O  N  M  È  O  H  N  R  Q  L
C  E  Y  Y  R  Á  Q  O  U  S  B  Ó  C  O  T
A  M  T  C  C  C  D  V  R  Ự  N  H  S  L  O
O  G  N  G  Ự  A  T  Y  P  T  H  C  C  Ó  U
C  C  O  N  V  O  I  I  B  Ử  P  I  U  N  I
Ổ  A  N  I  V  D  P  V  K  H  Ỉ  Đ  Ộ  T  Q
N  G  Ự  A  V  Ằ  N  C  Á  V  O  I  Y  R  U
I  L  B  V  B  T  V  V  U  G  Q  P  B  O  Y
O  R  L  A  P  P  V  N  M  T  A  T  A  K  V
L  C  D  M  R  R  V  C  Ừ  U  C  Á  H  E  O
```

CÁ VOI	HƯƠU CAO CỔ
LẠC ĐÀ	CÁ HEO
KANGAROO	KHỈ ĐỘT
HẢI LY	SƯ TỬ
NGỰA	CHÓ SÓI
CHÓ	KHỈ
THỎ	CỪU
COYOTE	CÁO
CON VOI	BÒ ĐỰC
CON MÈO	NGỰA VẰN

100 - Atividades e Lazer

```
Q I S R T P N V A L Q N B M C
V I Ở K L B N O L Ư R U P O O
G P T N N C U L K Ớ D I B O B
H N H K C Â U C Á T O H L I Ứ
Q G Í C D V N T I Ạ R T M Ắ C
G H C B T Y P Đ Ộ P V Y K H T
O Ễ H A Ó Q B L L D H P T L R
L T D L P N Q A I U N Ặ L B A
F H B Q À L G B Ơ O A Y A M N
V U B H H M R R B Ó N G Đ Á H
B Ậ Y V T U V G Ổ O Ề G K M C
R T P V A V Q Ư D G Y M V G Ị
B Ó N G C H À Y Ờ N U D G P L
Q U Ầ N V Ợ T A U N Q G I R U
H V B K I D N T H Ư G I Ã N D
```

CẮM TRẠI	LẶN
NGHỆ THUẬT	BƠI LỘI
BÓNG RỔ	CÂU CÁ
BÓNG CHÀY	BỨC TRANH
QUYỀN ANH	THƯ GIÃN
BÓNG ĐÁ	LƯỚT
GOLF	QUẦN VỢT
SỞ THÍCH	DU LỊCH
LÀM VƯỜN	

1 - Dirigindo

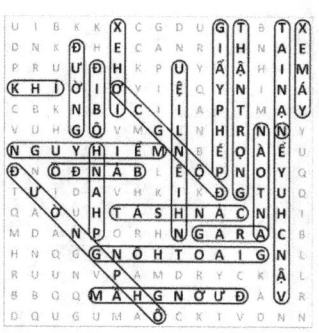

2 - Antiguidades

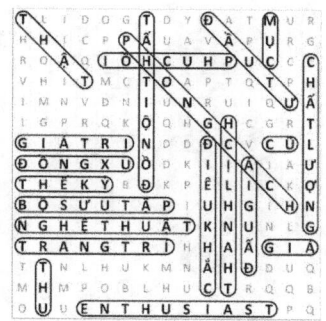

3 - Churrascos

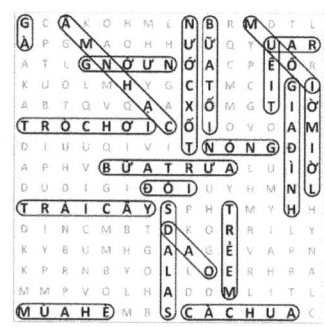

4 - Pesca

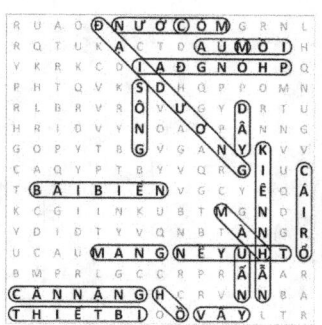

5 - Geologia

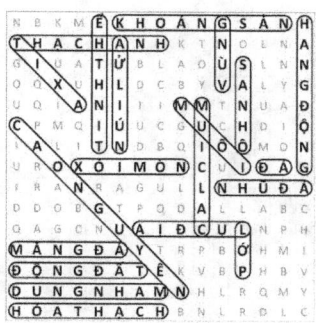

6 - Ética

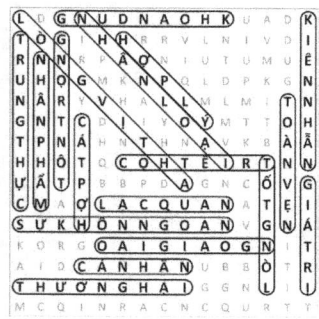

7 - Tempo

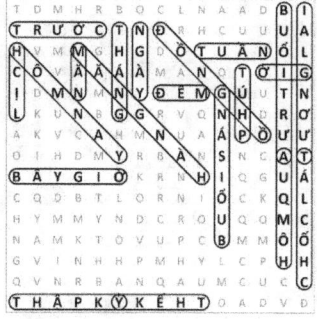

8 - Astronomia

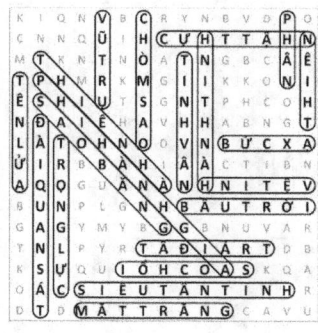

9 - Acampamento

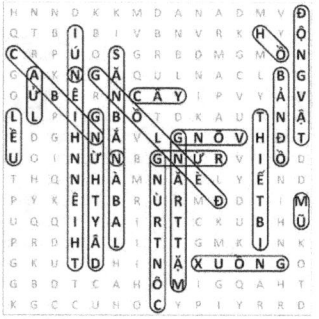

10 - Emoções

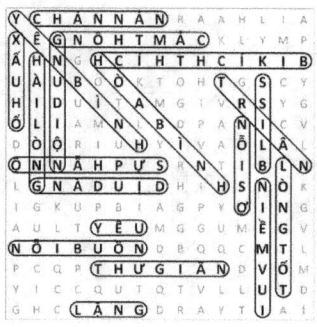

11 - Ficção Científica

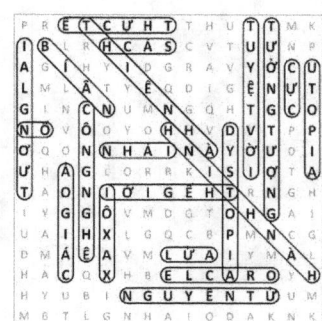

12 - Mitologia

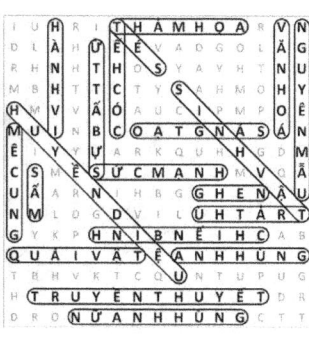

13 - Medições

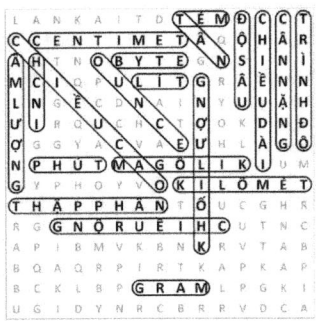

14 - Álgebra

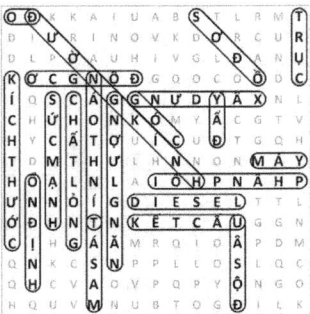

15 - Plantas

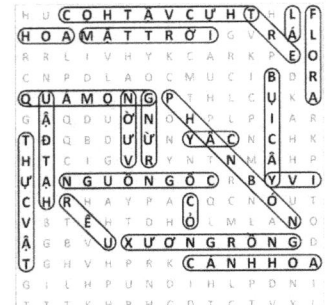

16 - Veículos

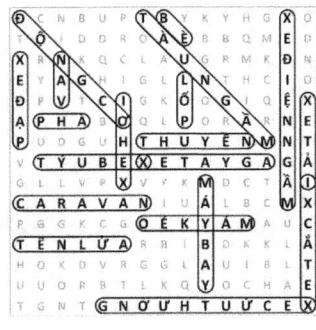

17 - Engenharia

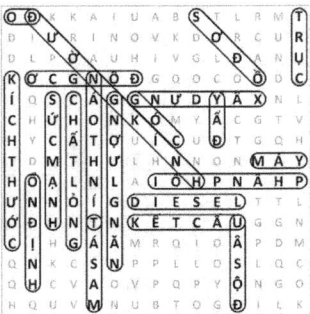

18 - Restaurante #2

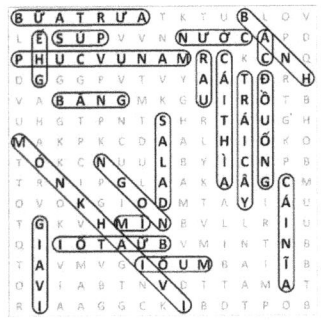

19 - Países #2

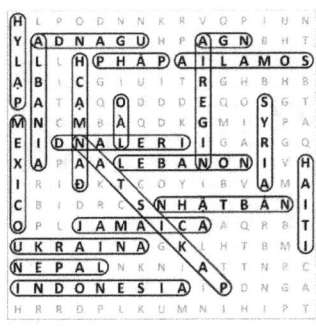

20 - Material de Arte

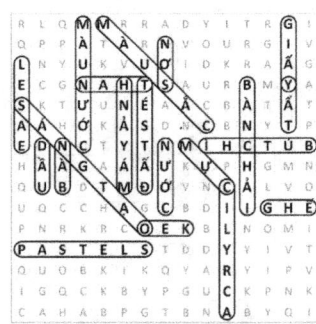

21 - Números

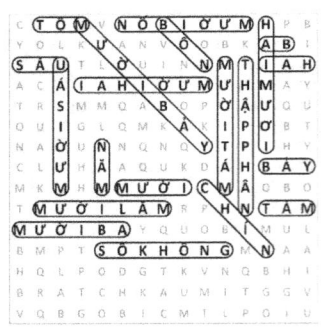

22 - Física

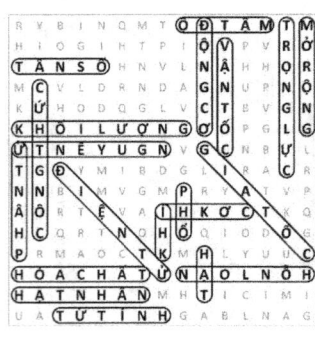

23 - Especiarias

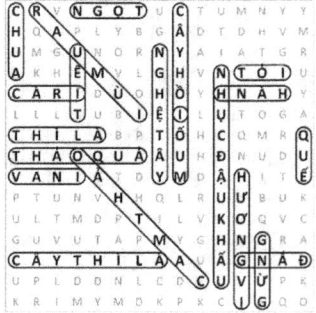

24 - Países #1

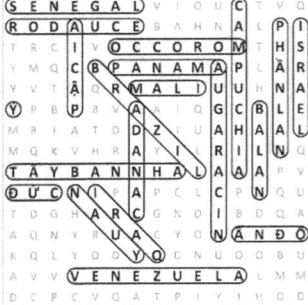

25 - A Mídia

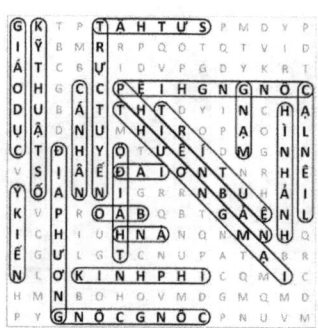

26 - Casa

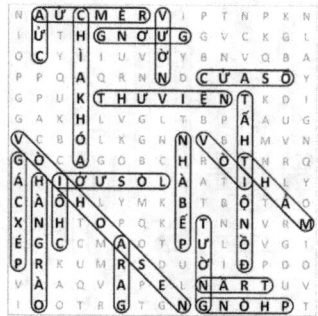

27 - Vegetais

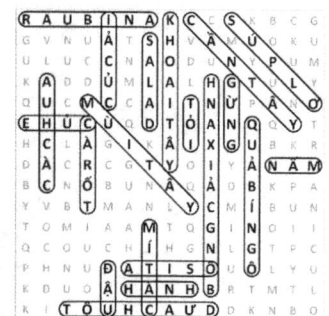

28 - Adjetivos #1

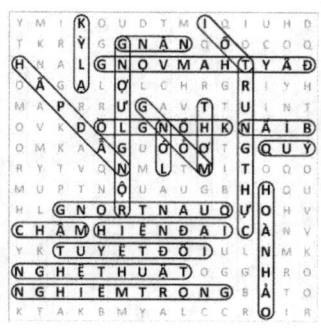

29 - Psicologia

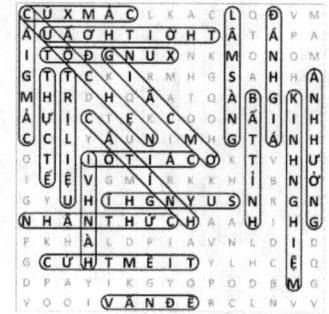

30 - Paisagens

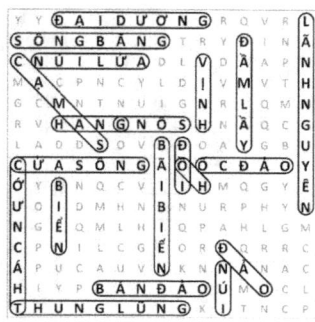

31 - Dança

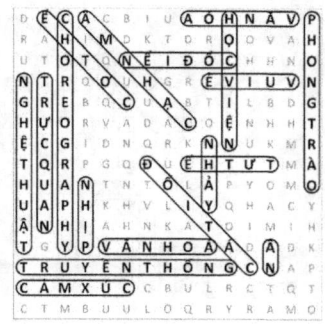

32 - Nutrição

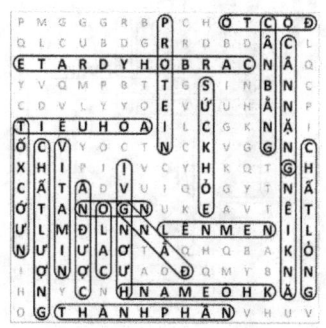

33 - Energia

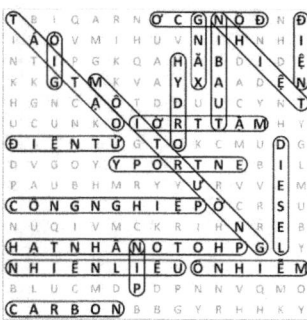

34 - Disciplinas Científicas

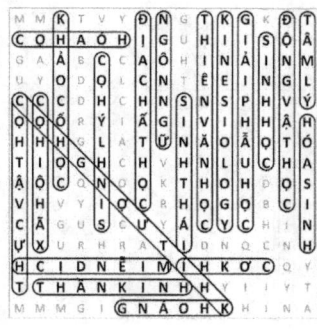

35 - Meditação

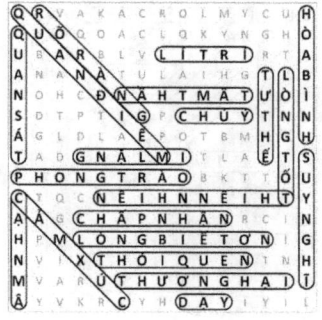

36 - Artes Visuais

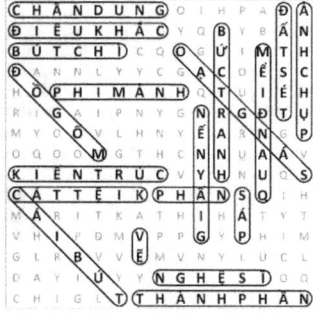

37 - Moda

38 - Instrumentos Musicais

39 - Adjetivos #2

40 - Roupas

41 - Herbalismo

42 - Arqueologia

43 - Agronomia

44 - Frutas

45 - Corpo Humano

46 - Caminhada

47 - Biologia

48 - Beleza

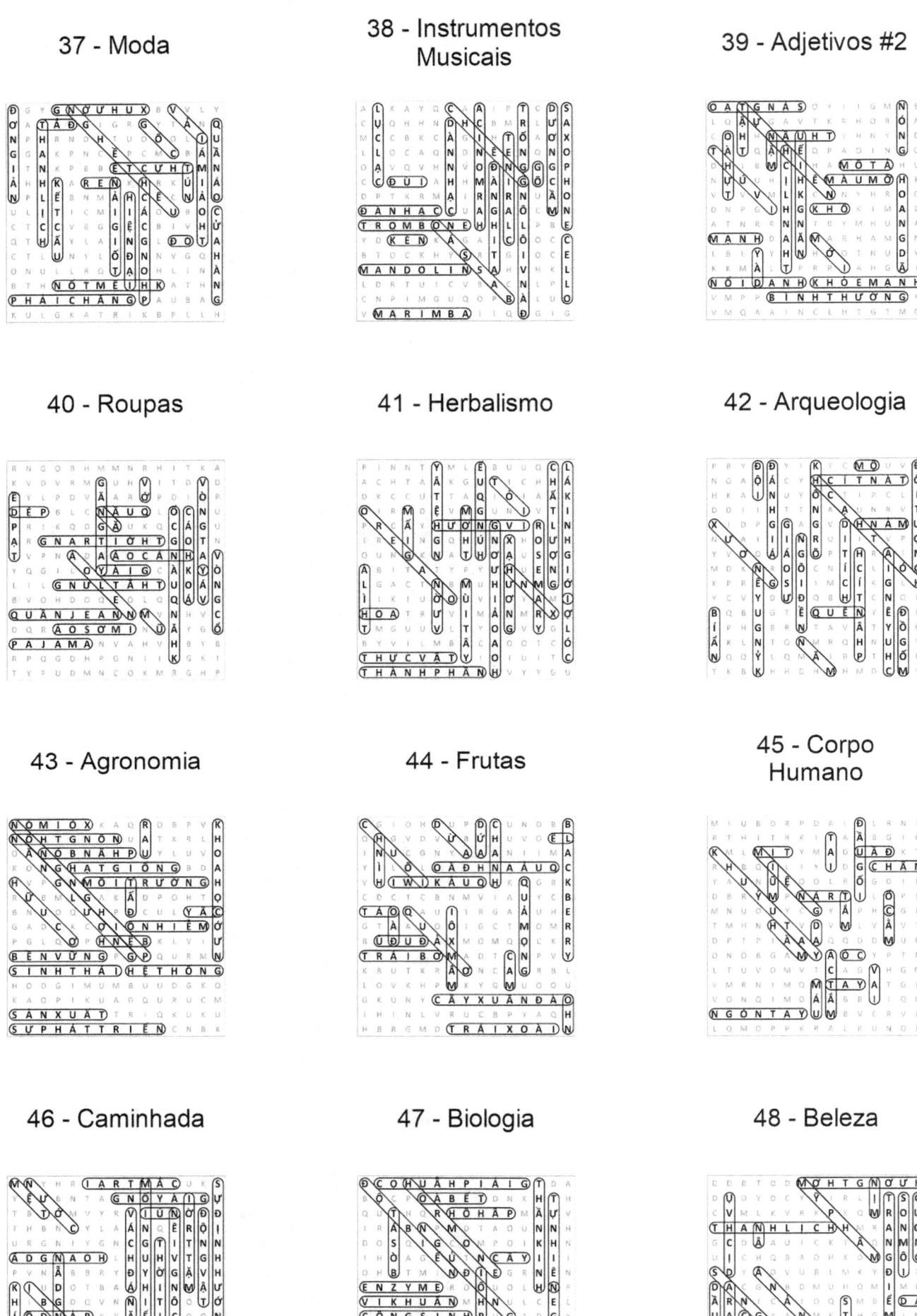

49 - Água

50 - Filantropia

51 - Ecologia

52 - Família

53 - Férias #2

54 - Edifícios

55 - Boxe

56 - Floresta Tropical

57 - Música

58 - Matemática

59 - Saúde e Bem Estar #1

60 - Imigração

61 - Natureza

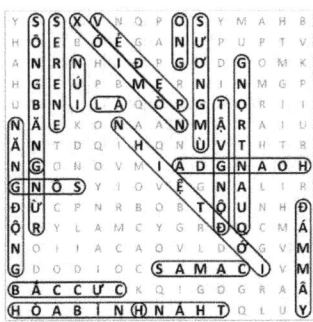

62 - A Empresa

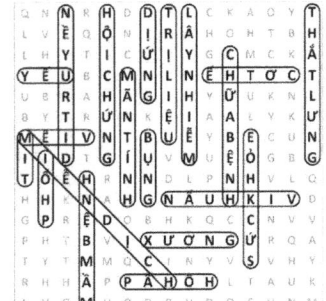

63 - Doença

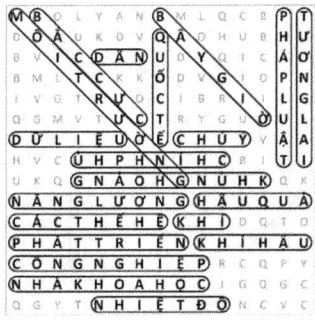

64 - Aquecimento Global

65 - Aviões

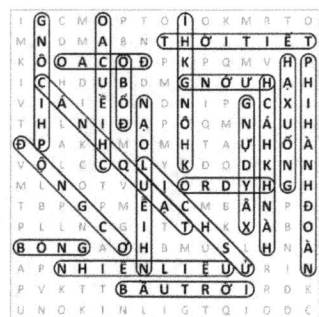

66 - Tipos de Cabelo

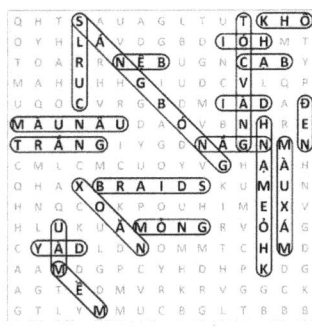

67 - Criatividade

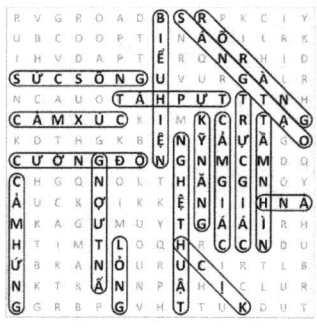

68 - Dias e Meses

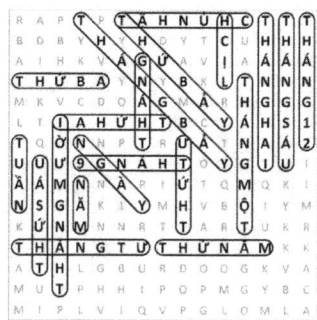

69 - Saúde e Bem Estar #2

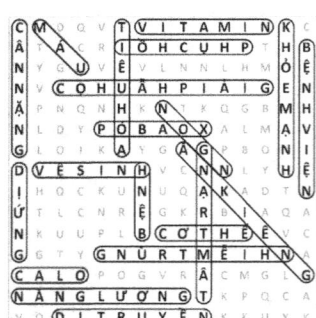

70 - Geografia

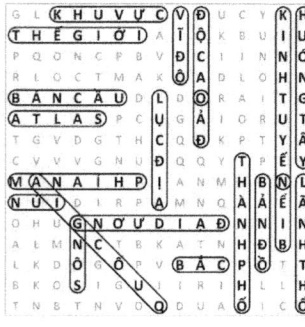

71 - Antártica

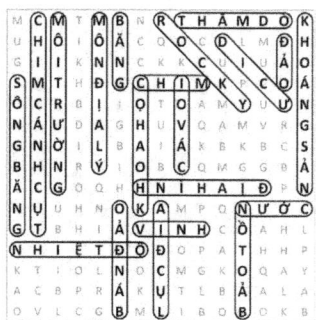

72 - Flores

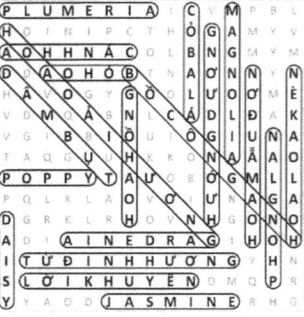

73 - Fazenda #1

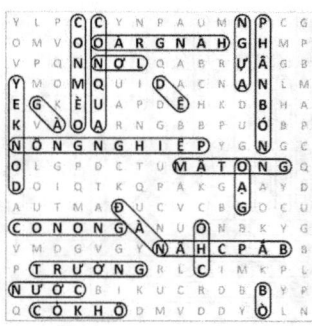

74 - Livros

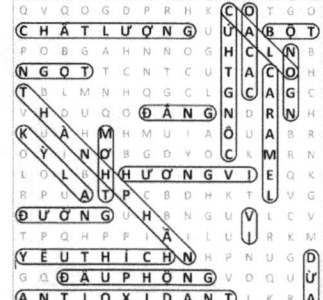

75 - Chocolate

76 - Governo

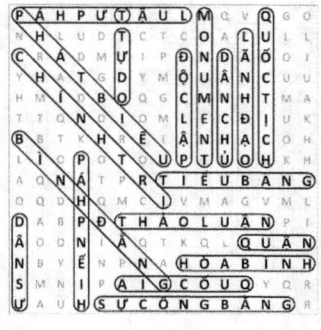

77 - Jardinagem

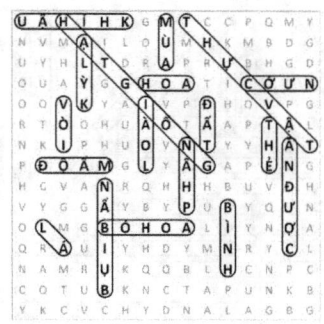

78 - Profissões #2

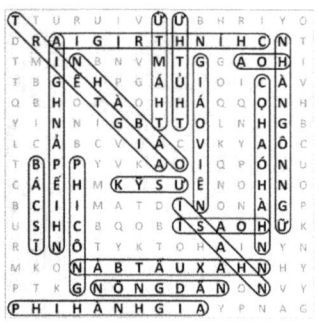

79 - Café

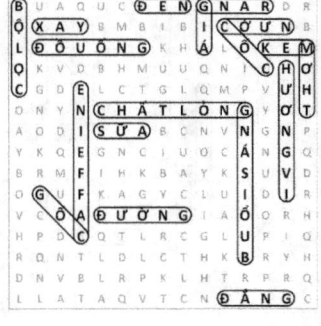

80 - Negócios

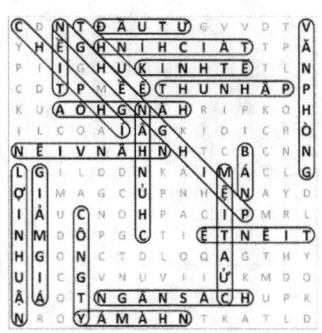

81 - Fazenda #2

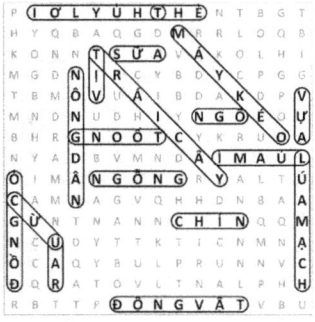

82 - Jardim

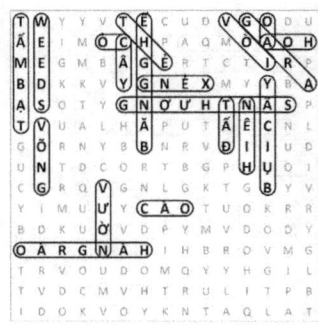

83 - Política

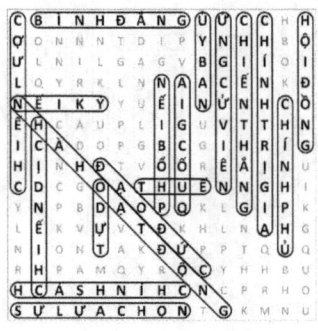

84 - Oceano

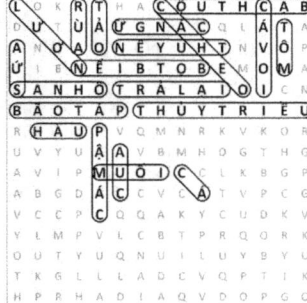

85 - Profissões #1

86 - Força e Gravidade

87 - Ciência

88 - Comida #1

89 - Geometria

90 - Pássaros

91 - Literatura

92 - Química

93 - Clima

94 - Tecnologia

95 - Diplomacia

96 - Comida # 2

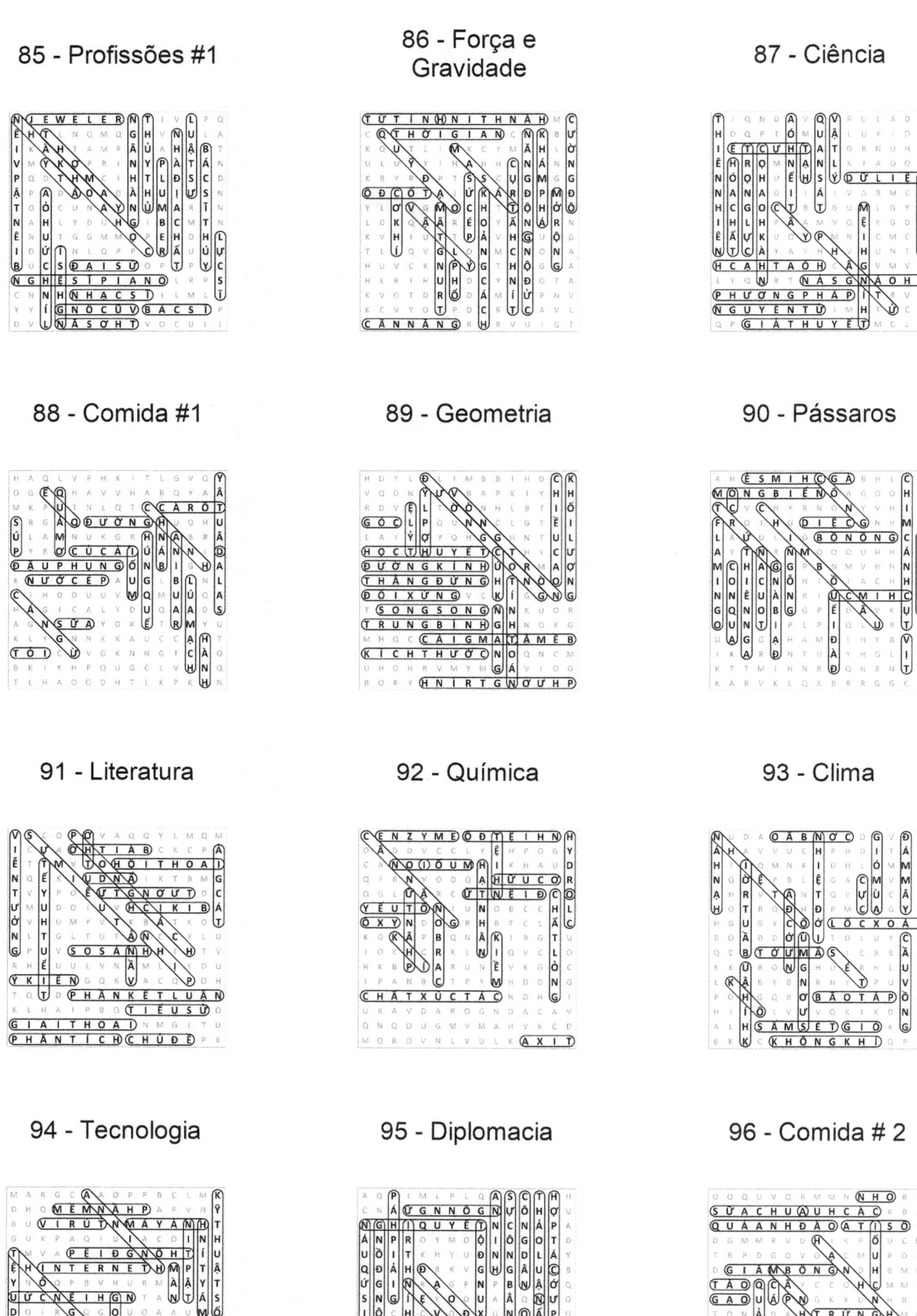

97 - Jazz

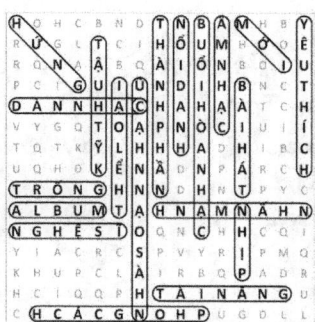

98 - Barcos

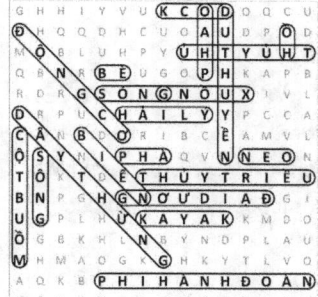

99 - Mamíferos

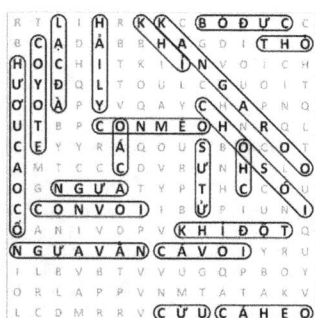

100 - Atividades e Lazer

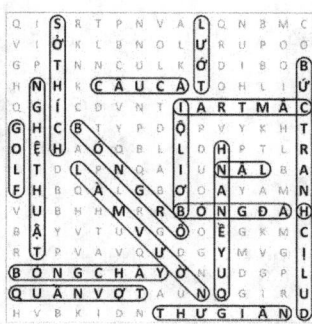

Dicionário

A Empresa
Các Công Ty

Apresentação	Trình Bày
Criativo	Sáng Tạo
Decisão	Quyết Định
Emprego	Việc Làm
Global	Toàn Cầu
Indústria	Công Nghiệp
Investimento	Đầu Tư
Negócio	Kinh Doanh
Possibilidade	Khả Năng
Produto	Sản Phẩm
Profissional	Chuyên Nghiệp
Progresso	Tiến Bộ
Qualidade	Chất Lượng
Receita	Doanh Thu
Recursos	Tài Nguyên
Reputação	Danh Tiếng
Riscos	Rủi Ro
Tendências	Xu Hướng
Unidades	Đơn Vị

A Mídia
Các Phương Tiện Truyền T

Atitudes	Thái Độ
Comercial	Thương Mại
Comunicação	Liên Lạc
Digital	Kỹ Thuật Số
Edição	Phiên Bản
Educação	Giáo Dục
Fatos	Sự Thật
Financiamento	Kinh Phí
Fotos	Ảnh
Imagens	Hình Ảnh
Individual	Cá Nhân
Indústria	Công Nghiệp
Intelectual	Trí Tuệ
Jornais	Báo
Local	Địa Phương
Online	Trực Tuyến
Opinião	Ý Kiến
Público	Công Cộng
Rádio	Đài
Rede	Mạng

Acampamento
Cắm Trại

Animais	Động Vật
Árvores	Cây
Bússola	La Bàn
Cabine	Cabin
Caça	Săn Bắn
Canoa	Xuồng
Chapéu	Mũ
Corda	Dây Thừng
Equipamento	Thiết Bị
Floresta	Rừng
Fogo	Lửa
Inseto	Côn Trùng
Lago	Hồ
Lanterna	Đèn Lồng
Lua	Mặt Trăng
Maca	Võng
Mapa	Bản Đồ
Montanha	Núi
Natureza	Thiên Nhiên
Tenda	Lều

Adjetivos #1
Tính từ số 1

Absoluto	Tuyệt Đối
Ambicioso	Đầy Tham Vọng
Aromático	Thơm
Artístico	Nghệ Thuật
Atraente	Hấp Dẫn
Enorme	Khổng Lồ
Escuro	Tối
Exótico	Kỳ Lạ
Fino	Mỏng
Generoso	Rộng Lượng
Grande	Lớn
Honesto	Trung Thực
Importante	Quan Trọng
Lento	Chậm
Misterioso	Bí Ẩn
Moderno	Hiện Đại
Perfeito	Hoàn Hảo
Pesado	Nặng
Sério	Nghiêm Trọng
Valioso	Quý

Adjetivos #2
Tính từ số 2

Autêntico	Thật
Criativo	Sáng Tạo
Descritivo	Mô Tả
Dotado	Năng Khiếu
Elegante	Thanh Lịch
Famoso	Nổi Danh
Forte	Mạnh
Grosso	Dày
Interessante	Thú Vị
Natural	Tự Nhiên
Normal	Bình Thường
Novo	Mới
Orgulhoso	Tự Hào
Produtivo	Màu Mỡ
Puro	Thuần
Quente	Nóng
Salgado	Mặn
Saudável	Khỏe Mạnh
Seco	Khô
Selvagem	Hoang Dã

Agronomia
Nông Học

Agricultura	Nông Nghiệp
Ambiente	Môi Trường
Água	Nước
Ciência	Khoa Học
Crescimento	Sự Phát Triển
Doenças	Bệnh
Ecologia	Sinh Thái
Energia	Năng Lượng
Erosão	Xói Mòn
Fertilizante	Phân Bón
Legumes	Rau
Orgânico	Hữu Cơ
Plantas	Cây
Poluição	Ô Nhiễm
Produção	Sản Xuất
Rural	Nông Thôn
Sementes	Hạt Giống
Sistemas	Hệ Thống
Solo	Đất
Sustentável	Bền Vững

Antártica
Nam Cực

Ambiente	Môi Trường
Água	Nước
Baía	Vịnh
Baleias	Cá Voi
Científico	Khoa Học
Conservação	Bảo Tồn
Continente	Lục Địa
Exploração	Thăm Dò
Geleiras	Sông Băng
Gelo	Băng
Geografia	Môn địa Lý
Ilhas	Đảo
Migração	Di Cư
Minerais	Khoáng Sản
Pássaros	Chim
Península	Bán Đảo
Pinguins	Chim Cánh Cụt
Rochoso	Rocky
Temperatura	Nhiệt Độ
Topografia	Địa Hình

Antiguidades
Đồ Cổ

Arte	Nghệ Thuật
Autêntico	Thật
Coletor	Thu
Decorativo	Trang Trí
Elegante	Thanh Lịch
Entusiasta	Enthusiast
Escultura	Điêu Khắc
Estilo	Phong Cách
Galeria	Bộ sưu Tập
Investimento	Đầu Tư
Item	Mục
Leilão	Đấu Giá
Mobiliário	Đồ nội Thất
Moedas	Đồng Xu
Preço	Giá
Qualidade	Chất Lượng
Restauração	Phục Hồi
Século	Thế Kỷ
Valor	Giá Trị
Velho	Cũ

Aquecimento Global
Sự Nóng lên Toàn Cầu

Agora	Bây Giờ
Ambiental	Môi Trường
Atenção	Chú Ý
Ártico	Bắc Cực
Cientista	Nhà Khoa Học
Clima	Khí Hậu
Consequências	Hậu Quả
Crise	Khủng Hoảng
Dados	Dữ Liệu
Desenvolvimento	Phát Triển
Energia	Năng Lượng
Futuro	Tương Lai
Gás	Khí
Gerações	Các thế Hệ
Governo	Chính Phủ
Indústria	Công Nghiệp
Internacional	Quốc Tế
Legislação	Pháp Luật
Populações	Dân
Temperaturas	Nhiệt Độ

Arqueologia
Khảo cổ Học

Análise	Phân Tích
Anos	Năm
Avaliação	Đánh Giá
Cerâmica	Đồ Gốm
Civilização	Nền văn Minh
Desconhecido	Không Rõ
Equipe	Đội
Era	Kỷ Nguyên
Especialista	Chuyên Gia
Esquecido	Quên
Fóssil	Hóa Thạch
Fragmentos	Mảnh
Mistério	Bí Ẩn
Objetos	Đối Tượng
Ossos	Xương
Professor	Giáo Sư
Relíquia	Di Tích
Ruínas	Tàn Tích
Templo	Ngôi Đền
Túmulo	Mộ

Artes Visuais
Nghệ Thuật thị Giác

Argila	Đất Sét
Arquitetura	Kiến Trúc
Artista	Nghệ Sĩ
Caneta	Cái Bút
Cavalete	Vẽ
Cera	Sáp
Cerâmica	Đồ Gốm
Composição	Thành Phần
Criatividade	Sáng Tạo
Escultura	Điêu Khắc
Estêncil	Giấy Nến
Filme	Phim Ảnh
Fotografia	Ảnh Chụp
Giz	Phấn
Lápis	Bút Chì
Obra-Prima	Kiệt Tác
Perspectiva	Quan Điểm
Pintura	Bức Tranh
Retrato	Chân Dung

Astronomia
Thiên văn Học

Astronauta	Phi Hành Gia
Celestial	Thiên
Céu	Bầu Trời
Cometa	Sao Chổi
Constelação	Chòm Sao
Cosmos	Vũ Trụ
Eclipse	Nhật Thực
Equinócio	Phân
Foguete	Tên Lửa
Galáxia	Thiên Hà
Gravidade	Trọng Lực
Lua	Mặt Trăng
Meteoro	Sao Băng
Nebulosa	Tinh Vân
Observatório	Đài Quan Sát
Planeta	Hành Tinh
Radiação	Bức Xạ
Satélite	Vệ Tinh
Supernova	Siêu tân Tinh
Terra	Trái Đất

Atividades e Lazer
Và các Hoạt Động Giải Trí

Acampamento	Cắm Trại
Arte	Nghệ Thuật
Basquete	Bóng Rổ
Beisebol	Bóng Chày
Boxe	Quyền Anh
Futebol	Bóng Đá
Golfe	Golf
Hobbies	Sở Thích
Jardinagem	Làm Vườn
Mergulho	Lặn
Natação	Bơi Lội
Pesca	Câu Cá
Pintura	Bức Tranh
Relaxante	Thư Giãn
Surfe	Lướt
Tênis	Quần Vợt
Viagem	Du Lịch
Voleibol	Bóng Chuyền

Aviões
Máy Bay

Altitude	Độ Cao
Altura	Chiều Cao
Ar	Không Khí
Aterrissagem	Đổ Bộ
Balão	Bóng
Céu	Bầu Trời
Combustível	Nhiên Liệu
Construção	Xây Dựng
Descida	Hạ Xuống
Direção	Hướng
Hélices	Cánh Quạt
Hidrogênio	Hydro
História	Lịch Sử
Motor	Động Cơ
Passageiro	Hành Khách
Piloto	Phi Công
Tempo	Thời Tiết
Tripulação	Phi Hành Đoàn
Turbulência	Nhiễu Loạn

Água
Nước

Canal	Kênh
Chuva	Mưa
Chuveiro	Vòi hoa Sen
Evaporação	Bay Hơi
Furacão	Cơn Bão
Geada	Sương Giá
Gelo	Nước Đá
Geyser	Geyser
Inundação	Lũ Lụt
Irrigação	Thủy Lợi
Lago	Hồ
Monção	Gió Mùa
Neve	Tuyết
Oceano	Đại Dương
Ondas	Sóng
Potável	Uống
Rio	Sông
Umidade	Độ Ẩm
Vapor	Hơi Nước

Álgebra
Đại số Học

Diagrama	Sơ Đồ
Equação	Phương Trình
Expoente	Mũ
Falso	Sai
Fator	Tố
Fórmula	Công Thức
Fração	Phân Số
Infinito	Vô Hạn
Linear	Tuyến Tính
Matriz	Ma Trận
Número	Số
Parêntese	Ngoặc
Problema	Vấn Đề
Quantidade	Số Lượng
Simplificar	Đơn Giản Hóa
Solução	Giải Pháp
Soma	Tổng
Subtração	Phép Trừ
Variável	Biến
Zero	Số Không

Barcos
Thuyền

Âncora	Neo
Balsa	Phà
Bóia	Phao
Caiaque	Kayak
Canoa	Xuồng
Corda	Dây Thừng
Doca	Dock
Iate	Du Thuyền
Jangada	Bè
Lago	Hồ
Mar	Biển
Maré	Thủy Triều
Marinheiro	Thủy Thủ
Mastro	Cột Buồm
Motor	Động Cơ
Náutico	Hải Lý
Oceano	Đại Dương
Ondas	Sóng
Rio	Sông
Tripulação	Phi Hành Đoàn

Beleza
Sắc Đẹp

Batom	Son Môi
Cachos	Curls
Charme	Quyến Rũ
Cor	Màu
Cosméticos	Mỹ Phẩm
Elegante	Thanh Lịch
Elegância	Sang Trọng
Espelho	Gương
Estilista	Stylist
Fotogênico	Ăn Ảnh
Fragrância	Hương Thơm
Graça	Ân
Maquiagem	Trang Điểm
Óleos	Dầu
Pele	Da
Rímel	Mascara
Serviços	Dịch Vụ
Suave	Mịn
Tesoura	Kéo
Xampu	Dầu Gội

Biologia
Sinh Học

Anatomia	Giải Phẫu Học
Bactérias	Vi Khuẩn
Célula	Tế Bào
Colagénio	Collagen
Cromossoma	Nhiễm sắc Thể
Embrião	Phôi
Enzima	Enzyme
Evolução	Tiến Hóa
Fotossíntese	Quang Hợp
Hibernação	Ngủ Đông
Hormona	Hormone
Mutação	Đột Biến
Natural	Tự Nhiên
Nervo	Thần Kinh
Osmose	Thẩm Thấu
Plantas	Cây
Proteína	Protein
Respiração	Hô Hấp
Réptil	Bò Sát
Simbiose	Cộng Sinh

Boxe
Quyền Anh

Árbitro	Trọng Tài
Canto	Góc
Chutar	Đá
Corpo	Cơ Thể
Cotovelo	Khuỷu Tay
Exausta	Kiệt Sức
Foco	Tiêu Điểm
Força	Sức Mạnh
Habilidade	Kỹ Năng
Lesões	Chấn Thương
Lutador	Đấu Sĩ
Luvas	Găng Tay
Oponente	Đối Thủ
Pontos	Điểm
Punho	Nắm Tay
Queixo	Cằm
Recuperação	Phục Hồi
Sino	Chuông

Café
Cà Phê

Açúcar	Đường
Amargo	Đắng
Aroma	Thơm
Assado	Rang
Água	Nước
Bebida	Đồ Uống
Cafeína	Caffeine
Copa	Cốc
Creme	Kem
Filtro	Bộ Lọc
Leite	Sữa
Líquido	Chất Lỏng
Manhã	Buổi Sáng
Moer	Xay
Origem	Gốc
Preço	Giá
Preto	Đen
Sabor	Hương Vị

Caminhada
Đi bộ Đường Dài

Acampamento	Cắm Trại
Animais	Động Vật
Água	Nước
Botas	Giày Ống
Cansado	Mệt
Clima	Khí Hậu
Guias	Hướng Dẫn
Mapa	Bản Đồ
Montanha	Núi
Natureza	Thiên Nhiên
Orientação	Sự Định Hướng
Parques	Công Viên
Pedras	Đá
Penhasco	Vách Đá
Perigos	Mối Nguy Hiểm
Pesado	Nặng
Preparação	Chuẩn Bị
Selvagem	Hoang Dã
Sol	Mặt Trời
Tempo	Thời Tiết

Casa
Nhà Ở

Biblioteca	Thư Viện
Cerca	Hàng Rào
Chaves	Chìa Khóa
Chuveiro	Vòi hoa Sen
Cortinas	Rèm Cửa
Cozinha	Nhà Bếp
Espelho	Gương
Garagem	Ga-Ra
Janela	Cửa Sổ
Jardim	Vườn
Lareira	Lò Sưởi
Mobiliário	Đồ nội Thất
Parede	Tường
Porta	Cửa
Quarto	Phòng
Sótão	Gác Xép
Tapete	Thảm
Teto	Trần
Torneira	Vòi
Vassoura	Chổi

Chocolate
Sô-Cô-La

Açúcar	Đường
Amargo	Đắng
Amendoins	Đậu Phộng
Antioxidante	Antioxidant
Aroma	Thơm
Cacau	Cacao
Calorias	Calo
Caramelo	Caramel
Coco	Dừa
Delicioso	Ngon
Doce	Ngọt
Exótico	Kỳ Lạ
Favorito	Yêu Thích
Gosto	Vị
Ingrediente	Thành Phần
Pó	Bột
Qualidade	Chất Lượng
Receita	Công Thức
Sabor	Hương Vị

Churrascos
Ăn Thịt Nướng

Almoço	Bữa Trưa
Convite	Lời Mời
Crianças	Trẻ Em
Facas	Dao
Família	Gia Đình
Fome	Đói
Frango	Gà
Fruta	Trái Cây
Grelha	Nướng
Jantar	Bữa Tối
Jogos	Trò Chơi
Legumes	Rau
Molho	Nước Xốt
Música	Âm Nhạc
Pimenta	Tiêu
Quente	Nóng
Sal	Muối
Saladas	Salads
Tomates	Cà Chua
Verão	Mùa Hè

Ciência
Khoa Học

Átomo	Nguyên Tử
Cientista	Nhà Khoa Học
Clima	Khí Hậu
Dados	Dữ Liệu
Evolução	Tiến Hóa
Experiência	Thí Nghiệm
Fato	Thực Tế
Física	Vật Lý
Fóssil	Hóa Thạch
Gravidade	Trọng Lực
Hipótese	Giả Thuyết
Método	Phương Pháp
Minerais	Khoáng Sản
Moléculas	Phân Tử
Natureza	Thiên Nhiên
Observação	Quan Sát
Partículas	Hạt
Plantas	Cây
Químico	Hóa Chất

Clima
Thời Tiết

Arco-Íris	Cầu Vồng
Atmosfera	Không Khí
Céu	Bầu Trời
Clima	Khí Hậu
Furacão	Cơn Bão
Gelo	Nước Đá
Monção	Gió Mùa
Nevoeiro	Sương Mù
Nuvem	Đám Mây
Polar	Cực
Relâmpago	Sét
Seca	Hạn Hán
Seco	Khô
Temperatura	Nhiệt Độ
Tempestade	Bão Táp
Tornado	Lốc Xoáy
Tropical	Nhiệt Đới
Trovão	Sấm Sét
Úmido	Ẩm Ướt
Vento	Gió

Comida # 2
Thực Phẩm #2

Alcachofra	Atisô
Amêndoa	Hạnh Nhân
Arroz	Gạo
Banana	Chuối
Beringela	Cà Tím
Brócolis	Bông cải Xanh
Cereja	Quả anh Đào
Chocolate	Sô cô La
Cogumelo	Nấm
Frango	Gà
Iogurte	Sữa Chua
Kiwi	Quả Kiwi
Maçã	Táo
Ovo	Trứng
Peixe	Cá
Presunto	Giăm Bông
Queijo	Phô Mai
Tomate	Cà Chua
Trigo	Lúa Mì
Uva	Nho

Comida #1
Thực Phẩm #1

Açúcar	Đường
Alho	Tỏi
Amendoim	Đậu Phụng
Atum	Cá Ngừ
Bolo	Bánh
Canela	Quế
Cebola	Hành
Cenoura	Cà Rốt
Cevada	Lúa Mạch
Damasco	Quả Mơ
Espinafre	Rau Bina
Leite	Sữa
Limão	Chanh
Manjericão	Húng Quế
Morango	Dâu Tây
Nabo	Củ Cải
Sal	Muối
Salada	Salad
Sopa	Súp
Suco	Nước Ép

Corpo Humano
Cơ thể con Người

Boca	Miệng
Cabeça	Đầu
Cérebro	Óc
Coração	Tim
Cotovelo	Khuỷu Tay
Dedo	Ngón Tay
Joelho	Đầu Gối
Mandíbula	Hàm
Mão	Tay
Nariz	Mũi
Olho	Mắt
Ombro	Vai
Orelha	Tai
Pele	Da
Perna	Chân
Pescoço	Cổ
Queixo	Cằm
Sangue	Máu
Testa	Trán
Tornozelo	Mắt Cá

Criatividade
Sự Sáng Tạo

Artístico	Nghệ Thuật
Autenticidade	Tính xác Thực
Clareza	Rõ Ràng
Dramático	Kịch
Emoções	Cảm Xúc
Espontânea	Tự Phát
Expressão	Biểu Hiện
Fluidez	Lỏng
Habilidade	Kỹ Năng
Imagem	Ảnh
Impressão	Ấn Tượng
Inspiração	Cảm Hứng
Intensidade	Cường Độ
Intuição	Trực Giác
Inventivo	Sáng Tạo
Sensação	Cảm Giác
Visões	Tầm Nhìn
Vitalidade	Sức Sống

Dança
Nhảy

Academia	Học Viện
Alegre	Vui Vẻ
Arte	Nghệ Thuật
Clássico	Cổ Điển
Coreografia	Choreography
Corpo	Cơ Thể
Cultura	Văn Hoá
Cultural	Văn Hóa
Emoção	Cảm Xúc
Graça	Ân
Movimento	Phong Trào
Música	Âm Nhạc
Parceiro	Đối Tác
Postura	Tư Thế
Ritmo	Nhịp
Saltar	Nhảy
Tradicional	Truyền Thống
Visual	Trực Quan

Dias e Meses
Ngày và Tháng

Abril	Tháng Tư
Agosto	Ngày
Ano	Năm
Calendário	Lịch
Dezembro	Tháng 12
Domingo	Chủ Nhật
Fevereiro	Tháng Hai
Janeiro	Tháng Một
Julho	Tháng Bảy
Junho	Tháng Sáu
Mês	Tháng
Outubro	Tháng Mười
Quarta-Feira	Thứ Tư
Quinta-Feira	Thứ Năm
Sábado	Thứ Bảy
Segunda-Feira	Thứ Hai
Semana	Tuần
Setembro	Tháng 9
Sexta-Feira	Thứ Sáu
Terça	Thứ Ba

Diplomacia
Ngoại Giao

Cidadãos	Công Dân
Comunidade	Cộng Đồng
Conflito	Xung Đột
Consultor	Cố Vấn
Cooperação	Hợp Tác
Diplomático	Ngoại Giao
Discussão	Thảo Luận
Embaixada	Đại sứ Quán
Embaixador	Đại Sứ
Ética	Đạo Đức
Governo	Chính Phủ
Humanitário	Nhân Đạo
Integridade	Toàn Vẹn
Justiça	Sự Công Bằng
Línguas	Ngôn Ngữ
Política	Chính Trị
Resolução	Nghị Quyết
Segurança	An Ninh
Solução	Giải Pháp
Tratado	Hiệp Ước

Dirigindo
Điều Khiển

Acidente	Tai Nạn
Carro	Xe Hơi
Combustível	Nhiên Liệu
Cuidado	Thận Trọng
Estrada	Đường
Freios	Phanh
Garagem	Ga-Ra
Gás	Khí
Licença	Giấy Phép
Mapa	Bản Đồ
Motocicleta	Xe Máy
Motor	Động Cơ
Pedestre	Đi Bộ
Perigo	Nguy Hiểm
Polícia	Cảnh Sát
Rua	Đường Phố
Segurança	An Toàn
Transporte	Vận Chuyển
Tráfego	Giao Thông
Túnel	Đường Hầm

Disciplinas Científicas
Các Ngành Khoa Học

Anatomia	Giải Phẫu Học
Arqueologia	Khảo cổ Học
Astronomia	Thiên văn Học
Biologia	Sinh Học
Bioquímica	Hóa Sinh
Botânica	Thực vật Học
Cinesiologia	Kinesiology
Ecologia	Sinh Thái
Fisiologia	Sinh lý Học
Geologia	Địa Chất Học
Imunologia	Miễn Dịch
Linguística	Ngôn Ngữ
Mecânica	Cơ Khí
Meteorologia	Khí Tượng Học
Mineralogia	Khoáng
Neurologia	Thần Kinh
Psicologia	Tâm Lý
Química	Hóa Học
Sociologia	Xã hội Học
Zoologia	Động vật Học

Doença
Bệnh

Abdominal	Bụng
Alergias	Dị Ứng
Bacteriano	Vi Khuẩn
Contagioso	Lây Nhiễm
Coração	Tim
Corpo	Cơ Thể
Crônica	Mãn Tính
Cura	Chữa Bệnh
Fraco	Yếu
Hereditário	Di Truyền
Imunidade	Miễn Dịch
Inflamação	Viêm
Lombar	Thắt Lưng
Ossos	Xương
Patógenos	Mầm Bệnh
Pulmonar	Phổi
Respiratório	Hô Hấp
Saúde	Sức Khỏe
Síndrome	Hội Chứng
Terapia	Trị Liệu

Ecologia
Sinh Thái Học

Clima	Khí Hậu
Comunidades	Cộng Đồng
Diversidade	Đa Dạng
Espécies	Loài
Fauna	Động Vật
Flora	Flora
Global	Toàn Cầu
Marinho	Biển
Montanhas	Núi
Natural	Tự Nhiên
Natureza	Thiên Nhiên
Pântano	Marsh
Plantas	Cây
Recursos	Tài Nguyên
Seca	Hạn Hán
Sobrevivência	Sự Sống Còn
Sustentável	Bền Vững
Vegetação	Thực Vật

Edifícios
Các tòa Nhà

Apartamento	Căn Hộ
Cabine	Cabin
Castelo	Lâu Đài
Catedral	Nhà Thờ
Celeiro	Vựa
Embaixada	Đại sứ Quán
Escola	Trường Học
Estádio	Sân vận Động
Fazenda	Nông Trại
Fábrica	Nhà Máy
Garagem	Ga-Ra
Hospital	Bệnh Viện
Hotel	Khách Sạn
Museu	Bảo Tàng
Observatório	Đài Quan Sát
Supermercado	Siêu Thị
Teatro	Rạp Hát
Tenda	Lều
Torre	Tháp
Universidade	Đại Học

Emoções
Những cảm Xúc

Alegria	Niềm Vui
Amor	Yêu
Animado	Bị Kích Thích
Bem-Aventurança	Bliss
Bondade	Lòng Tốt
Calmo	Lặng
Conteúdo	Nội Dung
Envergonhado	Xấu Hổ
Grato	Tri Ân
Medo	Nỗi Sợ
Paz	Hòa Bình
Raiva	Sự Phẫn Nộ
Relaxado	Thư Giãn
Satisfeito	Hài Lòng
Simpatia	Cảm Thông
Ternura	Dịu Dàng
Tédio	Chán Nản
Tranquilidade	Yên Bình
Tristeza	Nỗi Buồn

Energia
Năng Lượng

Ambiente	Môi Trường
Bateria	Pin
Calor	Nhiệt
Carbono	Carbon
Combustível	Nhiên Liệu
Diesel	Diesel
Elétrico	Điện
Elétron	Điện Tử
Entropia	Entropy
Fóton	Photon
Gasolina	Xăng
Hidrogênio	Hydro
Indústria	Công Nghiệp
Motor	Động Cơ
Nuclear	Hạt Nhân
Poluição	Ô Nhiễm
Renovável	Tái Tạo
Sol	Mặt Trời
Turbina	Tua-Bin
Vento	Gió

Engenharia
Kỹ Thuật

Atrito	Ma Sát
Ângulo	Góc
Cálculo	Tính Toán
Construção	Xây Dựng
Diagrama	Sơ Đồ
Diâmetro	Đường Kính
Diesel	Diesel
Dimensões	Kích Thước
Distribuição	Phân Phối
Eixo	Trục
Energia	Năng Lượng
Estabilidade	Ổn Định
Estrutura	Kết Cấu
Força	Sức Mạnh
Líquido	Chất Lỏng
Máquina	Máy
Medição	Đo
Motor	Động Cơ
Profundidade	Độ Sâu
Propulsão	Đẩy

Especiarias
Gia Vị

Açafrão	Nghệ Tây
Alcaçuz	Cam Thảo
Alho	Tỏi
Amargo	Đắng
Anis	Cây Hồi
Azedo	Chua
Baunilha	Vani
Canela	Quế
Cardamomo	Thảo Quả
Caril	Cà Ri
Cebola	Hành
Coentro	Rau Mùi
Cominho	Cây thì Là
Doce	Ngọt
Funcho	Thì Là
Gengibre	Gừng
Noz-Moscada	Nhục đậu Khấu
Pimenta	Tiêu
Sabor	Hương Vị
Sal	Muối

Ética
Đạo Đức

Altruísmo	Lòng vị Tha
Bondade	Lòng Tốt
Compaixão	Thương Hại
Cooperação	Hợp Tác
Dignidade	Nhân Phẩm
Diplomático	Ngoại Giao
Filosofia	Triết Học
Honestidade	Trung Thực
Humanidade	Nhân Loại
Individualismo	Cá Nhân
Integridade	Toàn Vẹn
Otimismo	Lạc Quan
Paciência	Kiên Nhẫn
Razoável	Hợp Lý
Respeitoso	Tôn Trọng
Sabedoria	Sự Khôn Ngoan
Tolerância	Khoan Dung
Valores	Giá Trị

Família
Gia Đình

Antepassado	Tổ Tiên
Avó	Bà
Avô	Ông
Criança	Con
Crianças	Trẻ Em
Esposa	Vợ
Filha	Con Gái
Infância	Thời thơ Ấu
Irmã	Em Gái
Irmão	Anh Trai
Marido	Chồng
Mãe	Mẹ
Pai	Cha
Primo	Em Họ
Sobrinha	Cháu Gái
Sobrinho	Cháu
Tia	Dì
Tio	Chú

Fazenda #1
Trang Trại số 1

Abelha	Con Ong
Agricultura	Nông Nghiệp
Arroz	Gạo
Água	Nước
Bezerro	Bắp Chân
Burro	Donkey
Cabra	Dê
Campo	Trường
Cavalo	Ngựa
Cão	Chó
Cerca	Hàng Rào
Corvo	Con Quạ
Feno	Cỏ Khô
Fertilizante	Phân Bón
Frango	Gà
Gato	Con Mèo
Mel	Mật Ong
Porco	Lợn
Rebanho	Đàn
Vaca	Bò

Fazenda #2
Trang Trại số 2

Agricultor	Nông Dân
Animais	Động Vật
Celeiro	Vựa
Cevada	Lúa Mạch
Colmeia	Tổ Ong
Fruta	Trái Cây
Ganso	Ngỗng
Irrigação	Thủy Lợi
Leite	Sữa
Maduro	Chín
Milho	Ngô
Ovelha	Cừu
Pato	Vịt
Pomar	Thẻ
Prado	Đồng Cỏ
Trator	Máy Kéo
Trigo	Lúa Mì
Vegetal	Rau

Férias #2
Kỳ Nghỉ số 2

Acampamento	Cắm Trại
Aeroporto	Sân Bay
Destino	Điểm Đến
Estrangeiro	Ngoại Quốc
Feriado	Ngày Lễ
Fotos	Ảnh
Hotel	Khách Sạn
Ilha	Đảo
Lazer	Giải Trí
Mapa	Bản Đồ
Mar	Biển
Montanhas	Núi
Passaporte	Hộ Chiếu
Praia	Bãi Biển
Táxi	Xe tắc Xi
Tenda	Lều
Transporte	Vận Chuyển
Viagem	Hành Trình
Visto	Thị Thực

Ficção Científica
Khoa học Viễn Tưởng

Atómico	Nguyên Tử
Clones	Nhái
Distante	Xa Xôi
Distopia	Dystopia
Explosão	Nổ
Extremo	Cực
Fantástico	Tuyệt Vời
Fogo	Lửa
Futurista	Tương Lai
Galáxia	Thiên Hà
Ilusão	Ảo Giác
Imaginário	Tưởng Tượng
Livros	Sách
Misterioso	Bí Ẩn
Mundo	Thế Giới
Oráculo	Oracle
Planeta	Hành Tinh
Realista	Thực Tế
Tecnologia	Công Nghệ
Utopia	Utopia

Filantropia
Hoạt Động từ Thiện

Caridade	Từ Thiện
Comunidade	Cộng Đồng
Contatos	Liên Lạc
Crianças	Trẻ Em
Doar	Tặng
Finança	Tài Chính
Fundos	Quỹ
Generosidade	Thế Hệ
Global	Toàn Cầu
Grupos	Nhóm
História	Lịch Sử
Honestidade	Trung Thực
Humanidade	Nhân Loại
Juventude	Thanh Niên
Missão	Nhiệm Vụ
Necessidade	Cần
Objetivos	Mục Tiêu
Pessoas	Người
Programas	Chương Trình
Público	Công Cộng

Física
Vật Lý

Aceleração	Gia Tốc
Átomo	Nguyên Tử
Caos	Hỗn Loạn
Densidade	Mật Độ
Elétron	Điện Tử
Expansão	Mở Rộng
Fórmula	Công Thức
Frequência	Tần Số
Gás	Khí
Gravidade	Trọng Lực
Magnetismo	Từ Tính
Massa	Khối Lượng
Mecânica	Cơ Khí
Molécula	Phân Tử
Motor	Động Cơ
Nuclear	Hạt Nhân
Partícula	Hạt
Químico	Hóa Chất
Universal	Phổ
Velocidade	Vận Tốc

Flores
Những Bông Hoa

Buquê	Bó Hoa
Dente-De-Leão	Bồ Công Anh
Gardênia	Gardenia
Girassol	Hướng Dương
Hibisco	Dâm Bụt
Jasmim	Jasmine
Lavanda	Hoa oải Hương
Lilás	Tử Đinh Hương
Lírio	Hoa loa Kèn
Magnólia	Magnolia
Margarida	Daisy
Orquídea	Phong Lan
Papoula	Poppy
Peônia	Hoa mẫu Đơn
Pétala	Cánh Hoa
Plumeria	Plumeria
Rosa	Hoa Hồng
Trevo	Cỏ ba Lá
Tulipa	Lời Khuyên

Floresta Tropical
Rừng mưa Nhiệt Đới

Botânico	Thực Vật
Clima	Khí Hậu
Comunidade	Cộng Đồng
Diversidade	Đa Dạng
Espécies	Loài
Indígena	Bản Địa
Insetos	Côn Trùng
Musgo	Rêu
Natureza	Thiên Nhiên
Nuvens	Đám Mây
Pássaros	Chim
Preservação	Sự bảo Tồn
Refúgio	Refuge
Respeito	Sự tôn Trọng
Restauração	Phục Hồi
Selva	Rừng
Sobrevivência	Sự Sống Còn
Valioso	Quý

Força e Gravidade
Lực Lượng và Trọng Lực

Atrito	Ma Sát
Centro	Trung Tâm
Descoberta	Khám Phá
Dinâmico	Năng Động
Distância	Khoảng Cách
Eixo	Trục
Expansão	Mở Rộng
Física	Vật Lý
Magnetismo	Từ Tính
Magnitude	Cường Độ
Mecânica	Cơ Khí
Movimento	Cử Động
Órbita	Quỹ Đạo
Peso	Cân Nặng
Planetas	Hành Tinh
Pressão	Sức Ép
Propriedades	Tính Chất
Rapidez	Tốc Độ
Tempo	Thời Gian
Universal	Phổ

Frutas
Trái Cây

Abacate	Trái Bơ
Abacaxi	Dứa
Amora	Blackberry
Baga	Quả Mọng
Banana	Chuối
Cereja	Quả anh Đào
Coco	Dừa
Damasco	Quả Mơ
Figo	Hình
Framboesa	Mâm Xôi
Kiwi	Quả Kiwi
Laranja	Cam
Limão	Chanh
Maçã	Táo
Mamão	Đu Đủ
Manga	Trái Xoài
Nectarina	Cây Xuân Đào
Pera	Lê
Pêssego	Đào
Uva	Nho

Geografia
Môn địa Lý

Altitude	Độ Cao
Atlas	Atlas
Cidade	Thành Phố
Continente	Lục Địa
Hemisfério	Bán Cầu
Ilha	Đảo
Latitude	Vĩ Độ
Mapa	Bản Đồ
Mar	Biển
Meridiano	Kinh Tuyến
Montanha	Núi
Mundo	Thế Giới
Norte	Bắc
Oceano	Đại Dương
Oeste	Hướng Tây
País	Quốc Gia
Região	Khu Vực
Rio	Sông
Sul	Phía Nam
Território	Lãnh Thổ

Geologia
Địa Chất Học

Ácido	Axit
Camada	Lớp
Caverna	Hang Động
Cálcio	Calcium
Continente	Lục Địa
Coral	San Hô
Cristais	Tinh Thể
Erosão	Xói Mòn
Estalactite	Nhũ Đá
Estalagmites	Măng Đá
Fóssil	Hóa Thạch
Lava	Dung Nham
Minerais	Khoáng Sản
Pedra	Đá
Platô	Cao Nguyên
Quartzo	Thạch Anh
Sal	Muối
Terremoto	Động Đất
Vulcão	Núi Lửa
Zona	Vùng

Geometria
Hình Học

Altura	Chiều Cao
Ângulo	Góc
Cálculo	Tính Toán
Círculo	Vòng Tròn
Curva	Đường Cong
Diâmetro	Đường Kính
Dimensão	Kích Thước
Equação	Phương Trình
Horizontal	Ngang
Lógica	Hợp Lý
Massa	Khối Lượng
Mediana	Trung Bình
Paralelo	Song Song
Proporção	Tỷ Lệ
Segmento	Khúc
Simetria	Đối Xứng
Superfície	Bề Mặt
Teoria	Học Thuyết
Triângulo	Tam Giác
Vertical	Thẳng Đứng

Governo
Chính Quyền

Cidadania	Quốc Tịch
Civil	Dân Sự
Constituição	Hiến Pháp
Democracia	Dân Chủ
Discurso	Phát Biểu
Discussão	Thảo Luận
Distrito	Quận
Estado	Tiểu Bang
Igualdade	Bình Đẳng
Independência	Độc Lập
Judicial	Tư Pháp
Justiça	Sự Công Bằng
Lei	Luật
Liberdade	Tự Do
Líder	Lãnh Đạo
Monumento	Monument
Nação	Quốc Gia
Pacífico	Hòa Bình
Política	Chính Trị
Símbolo	Biểu Tượng

Herbalismo
Chủ Nghĩa Thảo Dược

Açafrão	Nghệ Tây
Alecrim	Rosemary
Alho	Tỏi
Aromático	Thơm
Benéfico	Có Lợi
Estragão	Giấm
Flor	Hoa
Funcho	Thì Là
Ingrediente	Thành Phần
Jardim	Vườn
Lavanda	Hoa oải Hương
Manjericão	Húng Quế
Manjerona	Lá Kinh Giới
Orégano	Oregano
Planta	Thực Vật
Qualidade	Chất Lượng
Sabor	Hương Vị
Salsa	Mùi Tây
Tomilho	Xạ Hương
Verde	Xanh

Imigração
Nhập Cư

Administração	Sự Quản Lý
Adultos	Người Lớn
Ajuda	Giúp
Aprovação	Sự Chấp Thuận
Comunicação	Liên Lạc
Crianças	Trẻ Em
Documentos	Tài Liệu
Estresse	Căng Thẳng
Financiamento	Kinh Phí
Habitação	Nhà
Lei	Luật
Língua	Ngôn Ngữ
Negociação	Đàm Phán
Prazo	Hạn Chót
Processo	Quá Trình
Proteção	Sự bảo Vệ
Situação	Tình Hình
Solução	Giải Pháp

Instrumentos Musicais
Nhạc Cụ

Bandolim	Mandolin
Banjo	Bass
Baquetas	Đùi
Clarinete	Clarinet
Fagote	Dàn Nhạc
Flauta	Sáo
Gaita	Harmonica
Gongo	Chiêng
Harpa	Đàn Hạc
Marimba	Marimba
Pandeiro	Lục Lạc
Percussão	Gõ
Piano	Dương Cầm
Saxofone	Saxophone
Tambor	Trống
Trombone	Trombone
Trompete	Kèn
Violão	Đàn ghi Ta
Violino	Đàn vi ô Lông
Violoncelo	Cello

Jardim
Khu Vườn

Ancinho	Cào
Arbusto	Bụi Cây
Árvore	Cây
Banco	Băng Ghế
Cerca	Hàng Rào
Ervas Daninhas	Weeds
Flor	Hoa
Garagem	Ga-Ra
Grama	Cỏ
Jardim	Vườn
Lagoa	Ao
Maca	Võng
Mangueira	Vòi
Pá	Xẻng
Pomar	Thẻ
Solo	Đất
Terraço	Sân Thượng
Trampolim	Tấm Bạt
Varanda	Hiên

Jardinagem
Làm Vườn

Água	Nước
Botânico	Thực Vật
Buquê	Bó Hoa
Clima	Khí Hậu
Comestível	Ăn Được
Composto	Phân
Espécies	Loài
Exótico	Kỳ Lạ
Floral	Hoa
Folhagem	Lá
Mangueira	Vòi
Pomar	Thẻ
Recipiente	Bình
Sazonal	Mùa
Sementes	Hạt Giống
Solo	Đất
Sujeira	Bụi Bẩn
Umidade	Độ Ẩm

Jazz
Nhạc Jazz

Artista	Nghệ Sĩ
Álbum	Album
Bateria	Trống
Canção	Bài Hát
Composição	Thành Phần
Compositor	Nhà Soạn Nhạc
Concerto	Buổi hòa Nhạc
Estilo	Phong Cách
Ênfase	Nhấn Mạnh
Famoso	Nổi Danh
Favoritos	Yêu Thích
Gênero	Thể Loại
Improvisação	Hứng
Música	Âm Nhạc
Novo	Mới
Orquestra	Dàn Nhạc
Ritmo	Nhịp
Talento	Tài Năng
Técnica	Kỹ Thuật
Velho	Cũ

Literatura
Văn Học

Analogia	Tương Tự
Análise	Phân Tích
Anedota	Giai Thoại
Autor	Tác Giả
Biografia	Tiểu Sử
Comparação	So Sánh
Conclusão	Phần kết Luận
Descrição	Sự Miêu Tả
Diálogo	Hội Thoại
Estilo	Phong Cách
Ficção	Viễn Tưởng
Metáfora	Ẩn Dụ
Opinião	Ý Kiến
Poema	Bài Thơ
Poético	Thơ
Rima	Vần
Ritmo	Nhịp
Romance	Tiểu Thuyết
Tema	Chủ Đề
Tragédia	Bi Kịch

Livros
Sách

Autor	Tác Giả
Coleção	Bộ sưu Tập
Contexto	Bối Cảnh
Dualidade	Kéo Dài
Escrito	Viết
História	Câu Chuyện
Histórico	Lịch Sử
Imersão	Ngâm
Inventivo	Sáng Tạo
Leitor	Người Đọc
Literário	Văn Học
Palavras	Từ
Página	Trang
Personagem	Nhân Vật
Poema	Bài Thơ
Poesia	Thơ
Relevante	Có Liên Quan
Romance	Tiểu Thuyết
Série	Loạt
Trágico	Bi Kịch

Mamíferos
Động vật có Vú

Baleia	Cá Voi
Camelo	Lạc Đà
Canguru	Kangaroo
Castor	Hải Ly
Cavalo	Ngựa
Cão	Chó
Coelho	Thỏ
Coiote	Coyote
Elefante	Con Voi
Gato	Con Mèo
Girafa	Hươu cao Cổ
Golfinho	Cá Heo
Gorila	Khỉ Đột
Leão	Sư Tử
Lobo	Chó Sói
Macaco	Khỉ
Ovelha	Cừu
Raposa	Cáo
Touro	Bò Đực
Zebra	Ngựa Vằn

Matemática
Toán Học

Aritmética	Số Học
Ângulos	Góc
Decimal	Thập Phân
Diâmetro	Đường Kính
Equação	Phương Trình
Expoente	Mũ
Fração	Phân Số
Geometria	Hình Học
Números	Số
Paralelo	Song Song
Perímetro	Chu Vi
Perpendicular	Vuông Góc
Polígono	Đa Giác
Quadrado	Quảng Trường
Raio	Bán Kính
Retângulo	Hình chữ Nhật
Simetria	Đối Xứng
Soma	Tổng
Triângulo	Tam Giác
Volume	Âm Lượng

Material de Arte
Đồ Dùng Nghệ Thuật

Acrílico	Acrylic
Apagador	Tẩy
Aquarelas	Màu Nước
Argila	Đất Sét
Água	Nước
Cadeira	Ghế
Carvão	Than
Cavalete	Easel
Câmera	Máy Ảnh
Cola	Keo
Cores	Màu Sắc
Criatividade	Sáng Tạo
Escovas	Bàn Chải
Lápis	Bút Chì
Mesa	Bàn
Óleo	Dầu
Papel	Giấy
Pastels	Pastels
Tinta	Mực
Tintas	Sơn

Medições
Các Phép Đo

Altura	Chiều Cao
Byte	Byte
Centímetro	Centimet
Comprimento	Chiều Dài
Decimal	Thập Phân
Grama	Gram
Grau	Trình Độ
Largura	Chiều Rộng
Litro	Lít
Massa	Khối Lượng
Metro	Mét
Minuto	Phút
Onça	Ounce
Peso	Cân Nặng
Polegada	Inch
Profundidade	Độ Sâu
Quilograma	Kilôgam
Quilômetro	Kilômét
Tonelada	Tấn
Volume	Âm Lượng

Meditação
Thiền

Aceitação	Chấp Nhận
Atenção	Chú Ý
Bondade	Lòng Tốt
Clareza	Rõ Ràng
Compaixão	Thương Hại
Emoções	Cảm Xúc
Ensinamentos	Dạy
Gratidão	Lòng Biết Ơn
Hábitos	Thói Quen
Mental	Tâm Thần
Mente	Lí Trí
Movimento	Phong Trào
Música	Âm Nhạc
Natureza	Thiên Nhiên
Observação	Quan Sát
Paz	Hòa Bình
Pensamentos	Suy Nghĩ
Perspectiva	Quan Điểm
Postura	Tư Thế
Silêncio	Im Lặng

Mitologia
Thần Thoại

Arquétipo	Nguyên Mẫu
Ciúmes	Ghen
Comportamento	Hành Vi
Criação	Sáng Tạo
Criatura	Sinh Vật
Cultura	Văn Hoá
Desastre	Thảm Họa
Força	Sức Mạnh
Guerreiro	Chiến Binh
Heroína	Nữ anh Hùng
Herói	Anh Hùng
Imortalidade	Sự bất Tử
Labirinto	Mê Cung
Lenda	Truyền Thuyết
Mágico	Huyền Diệu
Monstro	Quái Vật
Mortal	Có Chết
Relâmpago	Sét
Trovão	Sấm
Vingança	Trả Thù

Moda
Thời Trang

Acessível	Phải Chăng
Bordado	Nghề Thêu
Botões	Nút
Boutique	Cửa Hàng
Caro	Đắt
Confortável	Thoải Mái
Elegante	Thanh Lịch
Estilo	Phong Cách
Medidas	Đo
Minimalista	Tối Giản
Moderno	Hiện Đại
Modesto	Khiêm Tốn
Original	Gốc
Prático	Thực Tế
Renda	Ren
Roupa	Quần Áo
Simples	Đơn Giản
Tecido	Vải
Tendência	Xu Hướng
Textura	Kết Cấu

Música
Âm Nhạc

Álbum	Album
Balada	Ballad
Cantar	Hát
Cantor	Ca Sĩ
Clássico	Cổ Điển
Coro	Điệp Khúc
Gravação	Ghi Âm
Harmonia	Hòa Hợp
Improvisar	Ứng Biến
Instrumento	Dụng Cụ
Lírico	Trữ Tình
Melodia	Giai Điệu
Microfone	Microphone
Musical	Âm Nhạc
Músico	Nhạc Sĩ
Ópera	Opera
Poético	Thơ
Ritmo	Nhịp
Tempo	Tiến Độ
Vocal	Giọng Hát

Natureza
Thiên Nhiên

Abelhas	Ong
Animais	Động Vật
Ártico	Bắc Cực
Beleza	Vẻ Đẹp
Deserto	Sa Mạc
Dinâmico	Năng Động
Erosão	Xói Mòn
Floresta	Rừng
Folhagem	Lá
Geleira	Sông Băng
Montanhas	Núi
Nevoeiro	Sương Mù
Nuvens	Đám Mây
Pacífico	Hòa Bình
Rio	Sông
Santuário	Thánh
Selvagem	Hoang Dã
Sereno	Serene
Tropical	Nhiệt Đới
Vital	Quan Trọng

Negócios
Doanh Nghiệp

Carreira	Nghề Nghiệp
Custo	Chi Phí
Desconto	Giảm Giá
Dinheiro	Tiền
Economia	Kinh Tế
Empregado	Nhân Viên
Empregador	Chủ Nhân
Empresa	Công Ty
Escritório	Văn Phòng
Fábrica	Nhà Máy
Finança	Tài Chính
Impostos	Thuế
Investimento	Đầu Tư
Loja	Cửa Tiệm
Lucro	Lợi Nhuận
Mercadoria	Hàng Hóa
Moeda	Tiền Tệ
Orçamento	Ngân Sách
Rendimento	Thu Nhập
Venda	Bán

Nutrição
Dinh Dưỡng

Amargo	Đắng
Apetite	Ngon
Calorias	Calo
Carboidratos	Carbohydrate
Comestível	Ăn Được
Dieta	Ăn Kiêng
Digestão	Tiêu Hóa
Equilibrado	Cân Bằng
Fermentação	Lên Men
Ingredientes	Thành Phần
Líquidos	Chất Lỏng
Molho	Nước Xốt
Peso	Cân Nặng
Proteínas	Protein
Qualidade	Chất Lượng
Sabor	Hương Vị
Saudável	Khỏe Mạnh
Saúde	Sức Khỏe
Toxina	Độc Tố
Vitamina	Vitamin

Números
Con Số

Cinco	Năm
Decimal	Thập Phân
Dez	Mười
Dezesseis	Mười Sáu
Dezessete	Mười Bảy
Dezoito	Mười Tám
Dois	Hai
Doze	Mười Hai
Nove	Chín
Oito	Tám
Quatorze	Mười Bốn
Quatro	Bốn
Quinze	Mười Lăm
Seis	Sáu
Sete	Bảy
Treze	Mười Ba
Três	Ba
Um	Một
Vinte	Hai Mươi
Zero	Số Không

Oceano
Đại Dương

Alga	Tảo
Atum	Cá Ngừ
Baleia	Cá Voi
Barco	Thuyền
Camarão	Tôm
Caranguejo	Cua
Coral	San Hô
Enguia	Lươn
Esponja	Bọt Biển
Golfinho	Cá Heo
Marés	Thủy Triều
Medusa	Sứa
Ostra	Hàu
Peixe	Cá
Polvo	Bạch Tuộc
Recife	Trả Lại
Sal	Muối
Tartaruga	Rùa
Tempestade	Bão Táp
Tubarão	Cá Mập

Paisagens
Phong Cảnh

Cascata	Thác Nước
Caverna	Hang
Colina	Đồi
Deserto	Sa Mạc
Estuário	Cửa Sông
Geleira	Sông Băng
Golfo	Vịnh
Ilha	Đảo
Lago	Hồ
Mar	Biển
Montanha	Núi
Oásis	Ốc Đảo
Oceano	Đại Dương
Pântano	Đầm Lầy
Península	Bán Đảo
Praia	Bãi Biển
Rio	Sông
Tundra	Lãnh Nguyên
Vale	Thung Lũng
Vulcão	Núi Lửa

Países #1
Quốc gia số 1

Alemanha	Đức
Brasil	Brazil
Camboja	Campuchia
Canadá	Canada
Egito	Ai Cập
Equador	Ecuador
Espanha	Tây ban Nha
Finlândia	Phần Lan
Iraque	Iraq
Israel	Israel
Itália	Ý
Índia	Ấn Độ
Mali	Mali
Marrocos	Morocco
Nicarágua	Nicaragua
Noruega	Na Uy
Panamá	Panama
Polônia	Ba Lan
Senegal	Senegal
Venezuela	Venezuela

Países #2
Quốc gia # 2

Albânia	Albania
Dinamarca	Đan Mạch
França	Pháp
Grécia	Hy Lạp
Haiti	Haiti
Indonésia	Indonesia
Irlanda	Ireland
Jamaica	Jamaica
Japão	Nhật Bản
Laos	Lào
Líbano	Lebanon
México	Mexico
Nepal	Nepal
Nigéria	Nigeria
Paquistão	Pakistan
Rússia	Nga
Síria	Syria
Somália	Somalia
Ucrânia	Ukraina
Uganda	Uganda

Pássaros
Chim

Avestruz	Đà Điểu
Águia	Đại Bàng
Cegonha	Cò
Cisne	Thiên Nga
Corvo	Con Quạ
Cuco	Chim Cu
Flamingo	Flamingo
Frango	Gà
Gaivota	Mòng Biển
Ganso	Ngỗng
Garça	Diệc
Ovo	Trứng
Papagaio	Con Vẹt
Pardal	Chim Sẻ
Pato	Vịt
Pavão	Công
Pelicano	Bồ Nông
Pinguim	Chim Cánh Cụt
Pombo	Chim bồ Câu
Tucano	Toucan

Pesca
Đánh bắt Cá

Água	Nước
Barbatanas	Vây
Barco	Thuyền
Brânquias	Mang
Cesta	Cái Rổ
Cozinhar	Nấu
Equipamento	Thiết Bị
Exagero	Phóng Đại
Fio	Dây
Gancho	Móc
Isca	Mồi
Lago	Hồ
Mandíbula	Hàm
Oceano	Đại Dương
Paciência	Kiên Nhẫn
Peso	Cân Nặng
Praia	Bãi Biển
Rio	Sông
Temporada	Mùa

Plantas
Cây

Arbusto	Bụi Cây
Árvore	Cây
Baga	Quả Mọng
Bambu	Tre
Botânica	Thực vật Học
Cacto	Xương Rồng
Feijão	Hạt Đậu
Fertilizante	Phân Bón
Flor	Hoa
Flora	Flora
Floresta	Rừng
Folhagem	Lá
Grama	Cỏ
Hera	Ivy
Jardim	Vườn
Musgo	Rêu
Pétala	Cánh Hoa
Raiz	Nguồn Gốc
Sol	Mặt Trời
Vegetação	Thực Vật

Política
Chính Trị

Ativista	Nhà Hoạt Động
Campanha	Chiến Dịch
Candidato	Ứng cử Viên
Comitê	Ủy Ban
Conselho	Hội Đồng
Escolha	Sự lựa Chọn
Estratégia	Chiến Lược
Ética	Đạo Đức
Governo	Chính Phủ
Igualdade	Bình Đẳng
Impostos	Thuế
Liberdade	Tự Do
Nacional	Quốc Gia
Opinião	Ý Kiến
Política	Chính Sách
Político	Chính trị Gia
Popularidade	Phổ Biến
Vitória	Chiến Thắng

Profissões #1
Nghề Nghiệp số 1

Advogado	Luật Sư
Alfaiate	Thợ May
Artista	Nghệ Sĩ
Atleta	Lực Sĩ
Banqueiro	Ngân Hàng
Bombeiro	Lính cứu Hỏa
Caçador	Thợ Săn
Cientista	Nhà Khoa Học
Dançarino	Vũ Công
Doutor	Bác Sĩ
Editor	Biên tập Viên
Embaixador	Đại Sứ
Encanador	Plumber
Enfermeira	Y Tá
Geólogo	Nhà địa Chất
Joalheiro	Jeweler
Marinheiro	Thủy Thủ
Músico	Nhạc Sĩ
Pianista	Nghệ sĩ Piano
Veterinário	Bác sĩ thú Y

Profissões #2
Nghề Nghiệp số 2

Agricultor	Nông Dân
Astronauta	Phi Hành Gia
Bibliotecário	Thủ Thư
Dentista	Nha Sĩ
Detetive	Thám Tử
Editor	Nhà Xuất Bản
Engenheiro	Kỹ Sư
Filósofo	Triết Gia
Fotógrafo	Nhiếp ảnh Gia
Ilustrador	Hoạ
Jornalista	Nhà Báo
Linguista	Nhà Ngôn Ngữ
Médico	Bác Sĩ
Piloto	Phi Công
Pintor	Họa Sĩ
Político	Chính trị Gia
Professor	Giáo Viên
Químico	Nhà hóa Học

Psicologia
Tâm lý Học

Avaliação	Đánh Giá
Clínico	Lâm Sàng
Cognição	Nhận Thức
Comportamento	Hành Vi
Compromisso	Cuộc Hẹn
Conflito	Xung Đột
Ego	Cái Tôi
Emoções	Cảm Xúc
Experiências	Kinh Nghiệm
Inconsciente	Bất Tỉnh
Infância	Thời thơ Ấu
Influências	Ảnh Hưởng
Pensamentos	Suy Nghĩ
Personalidade	Cá Tính
Problema	Vấn Đề
Realidade	Thực Tế
Sensação	Cảm Giác
Sonhos	Giấc Mơ
Subconsciente	Tiềm Thức
Terapia	Trị Liệu

Química
Hóa Học

Alcalino	Kiềm
Ácido	Axit
Calor	Nhiệt
Carbono	Carbon
Catalisador	Chất xúc Tác
Cloro	Clo
Elementos	Yếu Tố
Elétron	Điện Tử
Enzima	Enzyme
Gás	Khí
Hidrogênio	Hydro
Íon	Ion
Líquido	Chất Lỏng
Molécula	Phân Tử
Nuclear	Hạt Nhân
Orgânico	Hữu Cơ
Oxigénio	Ôxy
Peso	Cân Nặng
Sal	Muối
Temperatura	Nhiệt Độ

Restaurante # 2
Nhà Hàng số 2

Almoço	Bữa Trưa
Aperitivo	Món Khai Vị
Água	Nước
Bebida	Đồ Uống
Bolo	Bánh
Cadeira	Ghế
Colher	Cái Thìa
Delicioso	Ngon
Especiarias	Gia Vị
Fruta	Trái Cây
Garçom	Phục vụ Nam
Garfo	Cái Nĩa
Gelo	Băng
Jantar	Bữa Tối
Legumes	Rau
Macarrão	Mì
Peixe	Cá
Sal	Muối
Salada	Salad
Sopa	Súp

Roupas
Quần Áo

Avental	Tạp Dề
Blusa	Áo Cánh
Calça	Quần
Camisa	Áo sơ Mi
Chapéu	Mũ
Cinto	Thắt Lưng
Colar	Vòng Cổ
Jaqueta	Áo Khoác
Jeans	Quần Jean
Lenço	Khăn Quàng Cổ
Luvas	Găng Tay
Meias	Vớ
Moda	Thời Trang
Pijama	Pajama
Pulseira	Vòng Tay
Saia	Váy
Sandálias	Dép
Sapato	Giày
Suéter	Áo Len
Vestido	Ăn

Saúde e Bem-Estar #1
Sức Khỏe và sức Khỏe # 1

Altura	Chiều Cao
Ativo	Hoạt Động
Bactérias	Vi Khuẩn
Doutor	Bác Sĩ
Farmácia	Tiệm Thuốc
Fome	Đói
Fratura	Gãy Xương
Hábito	Thói Quen
Hormones	Kích Thích Tố
Medicina	Thuốc
Músculos	Cơ Bắp
Nervos	Dây Thần Kinh
Ossos	Xương
Pele	Da
Postura	Tư Thế
Reflexo	Phản Xạ
Relaxamento	Thư Giãn
Terapia	Trị Liệu
Tratamento	Điều Trị
Vírus	Vi Rút

Saúde e Bem-Estar #2
Sức Khỏe và sức Khỏe # 2

Alergia	Dị Ứng
Anatomia	Giải Phẫu Học
Apetite	Ngon
Caloria	Calo
Corpo	Cơ Thể
Dieta	Ăn Kiêng
Digestão	Tiêu Hóa
Doença	Bệnh
Energia	Năng Lượng
Genética	Di Truyền
Higiene	Vệ Sinh
Hospital	Bệnh Viện
Humor	Tâm Trạng
Infecção	Nhiễm Trùng
Massagem	Xoa Bóp
Peso	Cân Nặng
Recuperação	Phục Hồi
Sangue	Máu
Saudável	Khỏe Mạnh
Vitamina	Vitamin

Tecnologia
Công Nghệ

Arquivo	Tập Tin
Blog	Blog
Bytes	Nội
Câmera	Máy Ảnh
Computador	Máy Tính
Cursor	Con Trỏ
Dados	Dữ Liệu
Digital	Kỹ Thuật Số
Estatísticas	Thống Kê
Fonte	Chữ
Internet	Internet
Mensagem	Thông Điệp
Navegador	Trình Duyệt
Pesquisa	Nghiên Cứu
Segurança	An Ninh
Software	Phần Mềm
Tela	Màn
Virtual	Ảo
Vírus	Vi Rút

Tempo
Thời Gian

Agora	Bây Giờ
Ano	Năm
Antes	Trước
Anual	Hàng Năm
Calendário	Lịch
Década	Thập Kỷ
Dia	Ngày
Futuro	Tương Lai
Hoje	Hôm Nay
Hora	Giờ
Manhã	Buổi Sáng
Meio-Dia	Buổi Trưa
Mês	Tháng
Minuto	Phút
Momento	Chốc Lát
Noite	Đêm
Ontem	Hôm Qua
Relógio	Đồng Hồ
Semana	Tuần
Século	Thế Kỷ

Tipos de Cabelo
Các Loại Tóc

Branco	Trắng
Brilhante	Sáng Bóng
Cachos	Curls
Careca	Hói
Cinza	Màu Xám
Colori	Màu
Curto	Ngắn
Encaracolado	Xoăn
Fino	Mỏng
Grosso	Dày
Loiro	Tóc Vàng
Longo	Dài
Marrom	Màu Nâu
Prata	Bạc
Preto	Đen
Saudável	Khỏe Mạnh
Seco	Khô
Suave	Mềm
Trançado	Bện
Tranças	Braids

Vegetais
Rau Củ

Abóbora	Quả bí Ngô
Aipo	Cần Tây
Alcachofra	Atisô
Alho	Tỏi
Batata	Khoai Tây
Beringela	Cà Tím
Brócolis	Bông cải Xanh
Cebola	Hành
Cenoura	Cà Rốt
Chalota	Củ Hẹ
Cogumelo	Nấm
Couve-Flor	Súp Lơ
Ervilha	Đậu
Espinafre	Rau Bina
Gengibre	Gừng
Nabo	Củ Cải
Pepino	Dưa Chuột
Salada	Salad
Salsa	Mùi Tây
Tomate	Cà Chua

Veículos
Xe Cộ

Ambulância	Xe cứu Thương
Avião	Máy Bay
Balsa	Phà
Barco	Thuyền
Bicicleta	Xe Đạp
Caminhão	Xe Tải
Caravana	Caravan
Carro	Xe Hơi
Foguete	Tên Lửa
Furgão	Van
Jangada	Bè
Lambreta	Xe tay Ga
Metrô	Xe Điện Ngầm
Motor	Động Cơ
Ônibus	Xe Buýt
Pneus	Lốp
Submarino	Tàu Ngầm
Táxi	Xe tắc Xi
Trator	Máy Kéo

Parabéns

Conseguiu!

Esperamos que tenha gostado tanto deste livro como nós gostamos de o desenhar. Esforçamo-nos por criar livros da mais alta qualidade possível.
Esta edição foi concebida para proporcionar uma aprendizagem inteligente, de qualidade e divertida!

Gostou deste livro?

Um simples pedido

Estes livros existem graças às críticas que publica.
Pode ajudar-nos, deixando agora uma revisão?

Aqui está um pequeno link para
a sua página de revisão:

BestBooksActivity.com/Avaliacoes50

DESAFIO FINAL!

Desafio n° 1

Está pronto para o seu jogo grátis? Usamo-los a toda a hora, mas não são tão fáceis de encontrar - aqui estão os **Sinônimos!**
Escreva 5 palavras que encontrou nos puzzles (n° 21, n° 36, n° 76) e tente encontrar 2 sinónimos para cada palavra.

Escreva 5 palavras de *Puzzle 21*

Palavras	Sinônimo 1	Sinônimo 2

Escreva 5 palavras de *Puzzle 36*

Palavras	Sinônimo 1	Sinônimo 2

Escreva 5 palavras de *Puzzle 76*

Palavras	Sinônimo 1	Sinônimo 2

Desafio n° 2

Agora que já aqueceu, escreva 5 palavras que encontrou nos Puzzles (n° 9, n° 17 e n° 25) e tente encontrar 2 antônimos para cada palavra. Quantos se podem encontrar em 20 minutos?

*Escreva 5 palavras de **Puzzle 9***

Palavras	Antônimo 1	Antônimo 2

*Escreva 5 palavras de **Puzzle 17***

Palavras	Antônimo 1	Antônimo 2

*Escreva 5 palavras de **Puzzle 25***

Palavras	Antônimo 1	Antônimo 2

Desafio n° 3

Óptimo! Este desafio final não é nada para si.

Pronto para o desafio final? Escolha 10 palavras que tenha descoberto nos diferentes puzzles e escreva-as abaixo.

1.	6.
2.	7.
3.	8.
4.	9.
5.	10.

Agora escreva um texto a pensar numa pessoa, num animal ou num lugar de seu agrado.

Pode utilizar a última página deste livro como um rascunho.

A Sua Composição:

CADERNO DE NOTAS:

ATÉ BREVE!

A equipa Inteira

DESCUBRA JOGOS GRATUITOS

GO

↓

BESTACTIVITYBOOKS.COM/FREEGAMES